デジタル時代の情報発信のリスクと対策

北田明子〔著〕
弁護士法人レクシード〔監修〕
山本一宗〔執筆協力〕

東洋経済新報社

はじめに

ソーシャルメディアを最強の武器として使うために

この十余年の間に、企業の情報発信は大きな変化を遂げてきました。

それまで新聞・テレビ・ラジオといったマスメディアを中心とした情報発信に依存していたものが、いわゆるソーシャルメディアの登場によって、インターネットを介して、ローコストで情報を発信・共有・拡散することができるようになりました。

ソーシャルメディアには、SNS（Social Networking Service）・電子掲示板・ブログなどがあります。SNS の中でも Twitter（現 X。以降は Twitter で統一）は 2006 年にサービスを開始し、日本語サービスは 2008 年に導入されました。また、Facebook は 2010 年の後半頃から日本で注目され、Instagram は 2014 年に日本語版アカウントがスタートし、LINE は 2011 年半ばと、いずれもまだ 10 年ほどです。TikTok に至っては日本に進出したのが 2017 年です。2023 年には、Meta が新しく Threads を導入するなど、プラットフォームは多様化し、拡大のスピードは加速しています。

このような中で、企業や自治体は便利な SNS による情報発信を「他社がやっているからウチもやらないと出遅れてしまう」とか、「初期費用が安価だから」「手っ取り早くできる」などという理由で、急速に導入していきました。

しかし、多くのソーシャルメディアが誕生し、拡大していくのにともなって、さまざまなトラブルも生じるようになりました。しかも突然起こるトラブルは、会社の内部からだけでなく、管理下の範疇を超えた第三者から発生するときもあります。

1

某コンビニエンスストアでのアルバイト店員による不衛生な悪ふざけ動画（いわゆるバイトテロ）の配信は、FC店舗の現場で行われたため、企業の本部内では管理できません。また、某回転寿司チェーンの来店客による提供商品へのイタズラ動画は、企業が顧客の性善説を前提にしたサービスを崩壊させるものとなりました。

　いずれのケースも、「ソーシャルメディア上で注目されたい」「有名になりたい」という、発信者の自分勝手なウケ狙いから行われているものでした。

　このようなことが可能になったのも、スマートフォンが急速に普及し、全国各地どこでも高速通信網が整い、インターネット、SNSが日常の情報インフラとなったからです。スマートフォンで動画を撮影してSNSに公開する、ということが、いとも簡単にできるようになりました。

　こうした悪ふざけ動画に対して、長年お客様第一主義を標榜してきた日本の企業は泣き寝入りをしていました。しかし、悪質な動画の公開があまりにも増え、受ける損害も大きくなってきたため、企業側もこれらに対して法的処置をもって対応するようになってきました。

　おそらく、一部の不届き者によるこうしたケースは今後、減っていくでしょう。企業の対応により、個人では弁済が困難なほどの損害賠償が科せられかねないことが、広く知られるようになったからです。

　ここからデジタル時代の情報発信は、次のフェーズに入ります。ここで問題になってくるのは外部の不届き者による攻撃ではなく、情報発信をする当の企業や団体の行動に伴うリスクです。悪気なくやってしまう行動の中に、他者の権利を侵害するなど、トラブルになりかねない要素が少なからずあるのです。

　私は仕事の一環で、SNS発信時のリスクやコンプライアンス講習会で講師を務めているのですが、講習会では企業から参加された広報担当者やSNS担当者のみなさんは、大変熱心に聞いてくださいます。

中でも中小企業の担当者は事例を見て、「これ、あるある」と頷き、「だけど当社はやってしまっている」ということが多いことに気がつきました。つまり、悪意があってやっているのではなく、「知らないでやっている」ことが多いのです。

　そこで、講習会で使う資料をさらに精査し、専門家の方々の知見を加え、SNSの権利やトラブルを回避しながら、よりよい情報発信をするためのノウハウをまとめたのが本書です。

　ここで本書の概要について紹介しておきます。

Chapter 1 「えっ、これもダメですか？」 安易な情報管理がトラブルを招く
Chapter 2 「これは気がつかなかった！」 動画配信に潜むリスク
Chapter 3 「組織全体で意識を共有し、体制を整える」 情報発信リスクの防ぎ方
Chapter 4 それでも起こるトラブルにどう対応する？

　Chapter 1では、12のトラブル事例を取り上げて、情報管理にまつわるさまざまなリスクについて見ていきます。法的な視点から「何が問題になるのか」「どんなペナルティがあり得るのか」を詳しく解説していきます。今まで当たり前に、その実あまり深くは考えずに行っていた情報発信が、実は法律違反になる可能性があるのか、と驚かれるかもしれません。

　Chapter 2では、企業にとってもプロモーション施策としてごく身近になった動画配信について、専門家の視点から詳しく解説します。リスクについて十分にご理解いただきたいと思いますが、基本としては動画を有効に活用していただくためのガイドとしてまとめています。

　Chapter 1、Chapter 2でお伝えした情報発信リスクについて、「では、ど

うすれば防ぐことができるのか」をまとめたのが Chapter 3 です。

　細心の注意を払っても、トラブルは起こり得ます。そんなときにどのように行動すればいいか。対処法について Chapter 4 で解説します。ここでは昨今、話題の ChatGPT など生成 AI についても、情報発信における活用法と注意点についてまとめています。

　今回、法的な専門分野については、特許や権利関係に強い、弁護士法人レクシードの 4 人の弁護士の先生に監修・執筆をお願いしました。また、読売テレビでコンプライアンス管理をしてこられた山本一宗氏が動画のセクションを執筆してくださいました。

　これからの企業の PR や IR、その他情報発信はソーシャルメディアが中心になっていくでしょう。そのソーシャルメディアを完璧に使いこなすためにも、コンプライアンスやリスクヘッジを熟知していただきたいと思います。この本は、企業の広報・法務セクションや自治体の広報・法務セクション、また中小企業経営者の方や個人ブロガーやユーチューバーの方々など、幅広く手に取っていただければ、必ずお役に立てるものと思います。

目　次

Chapter 2 「これは気がつかなかった！」動画配信に潜むリスク

「えっ、これもダメですか？」

安易な情報管理がトラブルを招く

【本章のポイント】

　高速通信網が整い、スマートフォンが普及した現在、誰でも気軽に
ソーシャルメディアで画像や文章を公開することができるようになり
ました。企業や自治体なども、自組織のイメージアップやプロモー
ションを目的として、当たり前にソーシャルメディアを活用していま
す。ただ、気軽に使えるようになった反面、権利侵害や法律違反など、
世間を騒がすようなトラブルも多発するようになりました。悪意なく、
「うっかり」で起きてしまうトラブルも珍しくありません。本章では、
12のトラブル事例を紹介し、何がダメか、なぜダメかを詳しく解説し
ていきます。

事例 1

採用 PR のために、
ホームページや SNS に新人社員が出演。
しかし、出演社員は退職し、
出演箇所の削除を要求してきた。
修正にはコストがかかるため、
そのまま放置している。

肖像権の侵害に加え、
個人情報保護法に反する
可能性があります

えっ、これも
ダメですか？

　企業がホームページの採用ページを使って人材の募集をする。企業の大小を問わず、広く行われている手法です。そこに現職の社員が顔写真入りで登場し、自分の職場の魅力について語る、というのも当たり前の手法になっています。写真のキャプションに本人の氏名、入社年、所属部署名などが明記されることも普通です。

　中堅企業のA社も、そのようなやり方で採用活動に取り組んでいました。知名度が低い中堅企業ですから、社員が顔出しで会社について語ることで学生に共感してもらうことは、よい人材を採用するための大事な手段です。

　しかし、ある年、情報が公開されてから間もなく、ホームページに登場した若手社員が退職することになりました。優秀な社員が早期退職することは、企業にとって大きな痛手です。会社を代表する立場として、採用ホームページで紹介され、後輩たちに会社の魅力を語っていたのですから、なおさらショックです。

　ただ、問題はその先にありました。退職をする社員が「採用ホームページに掲載している私の写真とコメントを削除してほしい」と申し出てきたのです。

　会社側は「ホームページを修正するとコストがかかるので、次のホームページの改修までそのままにしておこう」と考え、申し出を拒否しました。

　それに対して、社員は主張しました。「私はこの会社が嫌で辞めるので、掲載されているメッセージは嘘になります。しかも私はここにはいなくなるのですから、矛盾しています」と強く訴え、ついには削除しなければ法的処置を取ると言うのです。

人事部門だけでなく、経営陣も、予想外のできごとに困惑しました。社員の言い分は正当なのでしょうか。社員の写真やコメントを公開することは、問題ないと思うのですが。

● 法律家の視点

退職をする社員の主張には正当性があります。何が問題なのか、以下に解説します。

写真について

(1) 肖像権とは？

「肖像権」という言葉は、一般社会に定着しつつありますが、実は、2023年現在、日本の法律の中に肖像権を直接定めた法律はありません。肖像権とは、裁判所が解釈によって導き出した人格的権利の1つであり、「私生活上の自由の1つとして、何人も承諾なしに、みだりにその容貌・姿態を撮影されない自由」「自己の容貌等を撮影された写真をみだりに公表されない人格的利益」などと定義されます。

人には写真を撮影されない／公表されない自由があるわけですから、この事例のように、写真の公表を望まない人がいる場合には、写真を削除するのが原則になります。

(2) 肖像権を侵害した場合に、どのようなペナルティがあるのか

❶ 差し止め

実際に肖像権が問題となった事案において、裁判所は「侵害行為の差止めを求めることができる」と判示しました。それをふまえればこの事例につい

ては、元社員からの請求があれば、会社は許諾のない写真の掲載を終了せざるを得ないでしょう。

❷ 損害賠償

法律上保護されるべき他者の権利を侵害した場合、損害賠償の責任を負います。肖像権も法律上保護されるべき人格権の一種ですので、これを侵害した場合には、原則として金銭賠償の責任を負います。この事例で言えば、会社は元社員の反対にもかかわらず写真を公開し続けることで、元社員に慰謝料を支払う必要が生じると考えられます。

(3) どうすればよいのか

とはいえ、実際の社内の雰囲気をホームページでアピールしたいというニーズは今でも存在すると思います。そのような場合、どうすればいいでしょうか。

❶ 本人の同意を得る

大前提として、従業員本人の明確な同意を得る必要があります。その際、たとえば「在職中／退職後6か月間はホームページへの写真掲載を認める」などと、お互いに無理のない合意をする努力が必要でしょう。

「会社の方針には背けない」というのは、在職中の従業員の心理として、よく理解できます。ですが、「写真を、将来にわたって自由に使うのを認める」というような、あまりに会社に一方的に有利な決め方は、妥当ではありません。

❷ 本人が特定されないレベルに加工する

本人が特定できなければ、肖像権の問題は生じません。求人サイトで社員個人が特定されるレベルの写真を使う必要があるのか、検討の余地があるでしょう。

コメント部分について（個人情報保護法との関係）

❶ 個人情報

　生存する個人に関する氏名、生年月日、住所、顔写真などにより特定の個人を識別できる情報は「個人情報」といい、**個人情報保護法**によって保護されています。個人情報を取り扱う企業は、この法律を理解して運用していく必要があります。

❷ 個人情報の運用

　個人情報を取り扱うに当たり、取得する情報や、利用目的はできる限り特定しなければなりません。また、第三者へ個人情報を提供する際には、原則として本人の同意が必要です。したがって、そもそも会社が勝手に従業員の氏名などの個人情報をホームページに載せることはできません。仮に、本人の同意を得ずにホームページに掲載した場合には、利用停止又は削除しなければなりません。

　次に、同意を得たとしても、個人データを利用する必要がなくなったときや、本人から削除の請求があったときには、当該の保有個人データを遅滞なく消去しなければなりません。

　通常、企業の求人に元従業員の個人情報が必要な場合は限定的でしょうから、この事例の場合は遅滞なく削除する必要があると考えます。費用が生じるなどの事情があるにしても、必要以上に放置しないように気をつける必要があります。

　退職する社員から抗議を受け、結局、会社側は社員の画像とコメントを削除しました。ところが、このことを知った他の退職した元社員も、削除要請をしてきました。会社側は仕方なく、採用ホームページそのものを一時封鎖することにしました。

　本件は、なぜ起こったのでしょうか？
　よくも悪くも「なあなあ」で写真を撮り、従業員本人の明確な同意も得ずにホームページに掲載してしまう。逆に、従業員も「イヤだと言えばいつでも消してもらえるだろう」と思い込んで公開を認めてしまう。そもそも会社からの「指示」なので応じるのが当然、という意識もあるでしょう。どちらも、情報公開を安易に考えてしまっていたことがトラブルの背景にあるのではないかと思います。

　今でも、SNS コンプライアンスなどの講習会に行くと、大半の企業のホームページや、人材紹介会社のサイトに社員が登場しているのを確認できます。そこで受講者のみなさんに個人情報の話をすると、「えー、そうなんですか？」「知らなかった」「当社は当たり前のように社員が出ていますよ」と驚かれます。講習で、一番盛り上がる話です。
　たとえ社員といえども、その個人情報を会社側が勝手に公開することは許されません。社員を企業 PR や求人目的などのために起用し、顔写真を掲載したり、個人情報を公開すること自体に問題があるわけではありませんが、その場合は、必ず本人と条件などを協議して、同意の上で掲載しなければなりません。
　まだまだ、この辺の認識が経営者も含めて薄いので、どうか今後は社内で

検討してください。

　今は終身雇用時代のように一生ひとつの会社で働く人は減っており、短期間で退職するケースが増えています。そんな、社員の流動性が活発な時代にあって、社員を PR に使うことは難しくなっています。

事例 2

会社の Twitter 発信担当者が、
会社の公式ツイートで
総理大臣批判をして大炎上した。

会社が定めた
服務規律に違反し、
懲戒事由に該当する
かもしれません

● 概　要

2023年5月8日、大阪の老舗画材メーカーの公式Twitterが、驚くようなコメントを発信しました。

時はG7広島サミットを直前にした日韓首脳会談が終わった直後。岸田文雄首相が、無事に大役を果たしたことを伝えるニュース記事に対して、「はあ？　調子乗ってんじゃねぇよバーカ」（原文ママ）と投稿されていたのです。

この企業は、1900年創業の有名な老舗画材メーカーで、アート関係者やアーティストの中にもファンが多く、ブランド力の高い会社です。そんな会社が、公式Twitterでこのような投稿をしていたものですから、瞬く間に情報が拡散されて反響が広がってしまいました。この件については、これまでこの会社のファンだったという多くのアーティストからも非難の声が上がりました。

おそらくこのツイートは、公式Twitter発信担当者（中の人）の個人的な意見を、本来は個人Twitterに投稿するところを、間違えて会社の公式Twitterに投稿した、いわゆる「誤爆」ではないかと思われます。

● 法律家の視点

SNSなどを通して、他人を誹謗中傷したり、社会的評価を低下させたりするようなことをした場合には、**侮辱罪**ないし**名誉毀損罪**に問われる可能性があります。以下に、詳しく説明しましょう。

会社との関係

(1) 刑事上の責任

この事例の従業員の行動は、会社に対する侮辱ではありませんので、侮辱罪は成立しません。また会社の社会的評価を下げようとする意図もなく、直接的に会社の社会的評価を下げるような行動でもありません。よって、対会社との関係では、刑法上の罪には該当しません。

(2) 民事上の責任

この事例で、会社に対して民事上の責任（損害賠償責任）を負うかどうかは、難しい問題です。会社の社会的評価の低下など、有形無形の被害があることは想像できますが、金銭化できるような損害が想定できるのかが問題となります。仮に、当該行為から具体的に金銭的な損害が発生するような事情があれば、損害賠償責任を負う可能性もあります。

(3) 会社内部の責任

事例の行為は、過失によるものではありますが、対外的な会社の評価や信用を低下させる行為であることは間違いなく、またそもそも勤務時間中の行動であり、かつ業務ともまったく無関係のことですから、従業員として不適切な行為であることは間違いありません。

今回のような会社に有形無形の損害を与える行動は、一般的に服務規律に違反し、労働契約書や就業規則で懲戒処分を定めている会社では、懲戒事由にも該当することになると考えられます。ネット上で相当拡散されたことで、会社に与えた影響が甚大な場合には、重たい懲戒処分がなされることも十分考えられます。

被害者との関係

(1) 刑事上の責任

　侮辱される結果となった対首相との関係では、**侮辱罪**に該当する可能性はあります。しかし、公職にある首相については、このような書き込みが頻繁に行われており、実際に処分を受ける可能性は低いと考えられます。

(2) 民事上の責任

　首相の社会的名誉を侵害することになりますので、精神的苦痛に対する慰謝料の支払義務を負う可能性はあります。しかし、実際のところは、この事例のようなケースで首相から慰謝料を請求されることはないと考えられます。

侮辱罪とは

　近年インターネット上の書き込みによる誹謗中傷が社会問題化し、書き込みも一因となって自ら命を絶つという最悪のケースも明るみに出るようになったことなどから、2022年6月の刑法改正により、侮辱罪は従来の「拘留又は科料」という刑罰に加えて、新たに「懲役刑」「禁錮刑」「罰金刑」が加わり厳罰化されました。具体的には、「事実を摘示しなくても、公然と人を侮辱した者」は侮辱罪となり、「1年以下の懲役若しくは禁錮若しくは30万円以下の罰金又は拘留若しくは科料」の刑罰を受けることになります。

　このような厳罰化により、今後は、侮辱罪に当たる行為も、より厳しく処罰されることになります。

侮辱罪と名誉毀損罪の違い

　侮辱罪か名誉毀損罪、いずれの罪が成立するかは「事実の摘示」の有無に

よります。事実の摘示がある場合は、名誉毀損罪が成立し、事実の摘示がない場合は、侮辱罪が成立します。

たとえば「○○さんは、前科持ちの犯罪者だ」「○○という会社は、組織的な不正をしており、間もなく処分を受けて倒産する」といった誹謗中傷は、具体的な事実の摘示が存在し、名誉毀損罪の構成要件に該当します。

一方で、「死んでしまえ」「どうしょうもないバカ」などという場合には、侮辱罪の成立が問題となります。

民法上の名誉毀損とは

名誉毀損は、民法第709条に定める不法行為となり、当該行為に故意又は過失があれば、損害賠償責任を負うことになります。具体的には、精神的苦痛に対する慰謝料を支払う責任を負います。また、名誉毀損については、差止めや、名誉を回復するのに適当な処分（謝罪広告など）を命じられることもあります。

ただし、①摘示された事実が真実であること、②摘示された事実が公共の利害に関する事実にかかるものであること、③事実摘示が専ら公益を図る目的に出たものであるときは、責任を負いません。また、①については、仮に事実ではない場合でも、摘示された事実が真実であると信じることについて相当の理由があった場合にも免責されることになります。

ひとくちに「名誉毀損」といっても、刑法上の「名誉毀損罪」と民法上の損害賠償の問題とは区別して考える必要があります。

会社内部での責任

従業員が10名以上の会社では、「就業規則」という会社と従業員の間を規律する社内ルールを定める必要がありますが、就業規則を定めている会社で

は、今回のような会社の信用を毀損したり会社に損害を与えたりする行為は、一般的に、**服務規律**に違反し、**懲戒事由**にも該当することになると考えられます。

　本事例の従業員の行為は、他の事情によっては懲戒解雇等、重い懲戒処分を受ける可能性もあります。

● その後の経過

　間もなく、会社は公式Twitterで、「先ほどの書き込みは一社員の誤った投稿でした。会社の見解ではありません。大変申し訳ありませんでした」と訂正コメントを投稿しました。

　最初の投稿はすでに削除され、2日後には同社の公式サイトに「不適切なツイートに関するお詫び」と題した以下の文書が掲載されました。

　「去る5月8日、弊社従業員がTwitterの公式アカウントにて、一方的な政治批判とも取れる不適切な投稿を行っていたことが発覚いたしました」、「弊社製品をご愛顧くださる皆様、及び関係各所の皆様には大変ご不快な思いをさせてしまい、深くお詫び申し上げます」とし、投稿した社員は担当から外されたということです。

　会社による迅速な対応で、批判は比較的早く沈静化しました。ファンも安堵したようです。

　本件は、なぜ起こったのでしょうか？　同社は「問題のツイートについて著しく配慮と自覚を欠く行為であったことに対して、重く受け止めている」とし、今後は「再発防止のため、発信チェックの徹底・強化を行うとともにコンプライアンスについて周知・理解を徹底する機会を設けます」と訴えました。つまり、これまでは発信チェックがなされず、コンプライアンスにつ

いて周知・理解が徹底されていなかったということです。

　社員に投稿を任せっきりにしていると、このようなケースが起こり得ます。また、投稿用の端末機（スマホ）を個人の所有物に頼り切っている場合、公私ともに同じ端末でアプリを使っているので、誤爆の可能性は大きくなります。投稿者には会社から投稿用の端末を貸与し、そこで公式専用アカウントに投稿するようにした方が誤爆のリスクが減り、安心です。

事例3

飲食業の店舗で、アルバイト従業員が
厨房のシンクに座り込んだり、
冷蔵庫に入ったりした様子を、
個人の Twitter に投稿した。

名誉毀損罪、威力業務妨害罪、
器物損壊罪に
該当する可能性があります

大手飲食業のB社は、料理の美味しさと接客サービスの良さで評価の高い人気チェーン。しかしある日、フランチャイズとして営業している店舗のアルバイト従業員がTwitterで投稿した写真が、すごい勢いで拡散され、大炎上しました。

その写真は、アルバイト従業員が、自身が厨房のシンクに座り込んだり、冷蔵庫に体を入れたりした様子を写したものでした。

当然のことながら、「不潔きわまりない」「スタッフの教育がなっていない」などという批判が店舗のみならずフランチャイズ本部にも殺到。店側はやむなく当面の間、店を閉めることを決めました。

● 法律家の視点

ちょっとした「いたずら心」でやったことかもしれませんが、損害賠償を含めて非常に大きなペナルティを科される可能性があります。

従業員の責任

（1）刑事上の責任

厳しい衛生管理が必要な飲食店において、従業員が座り込んだり、厨房のシンクや冷蔵庫などに体を入れたりする行為は、威力によって会社の業務を妨害したともいえ、**威力業務妨害罪**に該当する可能性があり、3年以下の懲役又は50万円以下の罰金に処せられる可能性があります。

また、上記の行動は、衛生管理が不十分な店舗であることを示すものにな

りますが、自らがTwitterに投稿することにより、インターネット上にこの動画が公表され、誰でも閲覧可能な状態におかれ、会社の社会的な評価を低下させています。そのため、**名誉毀損罪**にも該当する可能性があり、その場合には、3年以下の懲役又は50万円以下の罰金に処せられる可能性があります。

　さらに、この従業員の行動により、衛生上の問題などから、会社の調理器具や什器備品を使用することができなくなったときは、「他人の物を損壊し、又は傷害した者」に該当し、**器物損壊罪**に問われる可能性もあります。器物損壊罪の量刑は3年以下の懲役、又は30万円以下の罰金、もしくは科料となっています。

（2）威力業務妨害罪とは

　刑法234条で定められる犯罪で、「威力を用いて人の業務を妨害した者」は、3年以下の懲役又は50万円以下の罰金に処されることになります。「威力」とは、人の意思を制圧するような勢力とされており、暴行や脅迫が典型例ですが、社会的地位や経済的地位を利用した威迫、大人数での力の誇示、騒音や物の損壊による圧力も含まれるとされています。また「妨害」といっても、現実に業務が妨害されていなくても、妨害の結果を発生させる恐れのある行為があれば妨害に当たる、とされています。

（3）民事上の責任

　従業員が行った行為により、会社では、シンクや冷蔵庫が使用できなくなったため、厨房機器の買替費用の損害が発生しています。そのため、従業員には、民法上の不法行為が成立し、損害賠償として、会社に対して、買替費用相当額を支払う責任が生じます。

　それに加えて、今回の従業員の行為によって、会社の売り上げが激減してしまっています。この点についても、従業員の行為と、売り上げの減少につ

いての相当因果関係が証明されれば、同じく不法行為として、会社が被った損害を賠償する責任も負う可能性があります。

(4) 会社内部での責任

〈**事例2**〉と同じように、服務規律に違反し、**懲戒事由**にも該当することになると考えられます。

会社の責任

この事例では、会社は、基本的には被害者としての立場になります。

しかし、このような問題が起これば、会社に多大な損害を及ぼす恐れがあるため、会社の役員としては、再発防止に向けた取り組みを行う義務があると考えられます。

そのため、仮に、この事件の後に同様の事件が発生して、会社に損害が発生し、かつ会社が、再発防止のために十分な対策を講じていなかったときには、会社経営陣が、株主から責任を問われる恐れもあります。

たとえば、一度このような炎上騒動が発生したにもかかわらず、会社が、従業員の指導・教育や、SNSの利用に関する規則作りや、その周知徹底など、適切な対策を講じていなかった場合です。

このような場合、仮に二度目の炎上騒動が発生し、会社に損害が生じたときには、経営陣は、株主から、炎上騒動が起こる可能性を予測できたにもかかわらず、これを防止するための十分な措置を講じていなかったとして、**任務懈怠責任（損害賠償責任）**を問われる可能性があります。

　この事例は名前を伏せていますが、当該の店舗を運営していたフランチャイジーの会社は、結局、顧客の信用を取り戻すことができず倒産しました。

　こうした事例は「バイトテロ」と呼ばれ、一時、頻発しました。便利になったソーシャルメディアの負の側面と言えるでしょう。

　バイトテロではありませんが、2023年、回転寿司チェーン「スシロー」で、客の高校生と思しき少年が備えつけの醤油の差し口や未使用の湯呑みを舐めまわして戻す動画をSNSで公開し、大炎上しました。この件ではスシロー側が少年に対して約6700万円の損害賠償請求をしたことも話題になりました。

　このケースでは結局、2023年7月31日に調停が成立し、スシローが訴訟を取り下げました。調停の内容は公開されていませんが、おそらく少年側は相当な額の賠償金を支払うことになったと考えられます。

　これらは、目立ちたいから、という理由の「悪ふざけ」であり、店に対しての悪意を持って行ったものではないのかもしれません。とはいえ結果は、会社の信用を貶め、かつ経済的な損害を与えることになります。そして、その損害は、そのまま自分にも跳ね返ってくることになります。

事例**4**

新聞の記事をスキャンして
データ保存し、
社内イントラで全社員に
閲覧できるようにしている。

著作権侵害を訴えられる
可能性があります

電機メーカーのC社の広報部では、朝一番に出社した部員が新聞各紙を
チェックして、自社に関係する記事を切り抜いたものをまとめて添付し、そ
れをコピーして幹部に配布する、という作業をしていました。これは昔から
どこの企業や自治体でも行われているルーティンワークで、企業によっては、
そのために朝一番に来て作業をするアルバイトに依頼したり、時間外賃金を
払って社員を早出させることもあるようです。

「それは、まずいんじゃないの？」
営業部門から広報部に異動してきたある部員が、そんなことを部会で言い
ました。営業部門では、いわゆるクリッピングサービスを利用して、自社や
業界のニュースを見落とさないようにしていたそうです。
新聞の記事は、記者が足を使って取材し、執筆したものです。つまり労力
とコストがかかっています。
「新聞は著作物だから、新聞社が権利を持つ。それを勝手に複製するのは、
権利侵害みたいなことじゃないか？」
これまで、当たり前のこととして切り抜き、コピーして配っていた部員た
ちは、お互い顔を見合わせました。
「当社は購読料を払っているのだから、それをどう使おうと勝手じゃない
か」、「コピーを配って何が悪いんだ」。
広報部員は、そんなことを言い合いました。

(1) 著作権とは？

「著作権」とは、「著作物」に発生する著作者の権利を指します。簡単に言うと、著作者が、「著作者の同意なく、著作者の作品を利用するな」と主張することができる権利を言います。例としては、複製権（＝同意なく作品のコピーをするな）、演奏権・上演権（＝同意なく作品を演奏するな、上演するな）、公衆送信権（＝同意なく放送・有線放送するな）、譲渡権（＝同意なく一般に販売・配布するな）などの権利が挙げられます。

それでは、著作権が成立する「著作物」とは何を指すのでしょうか。著作権法上、著作物は、「思想又は感情を創作的に表現したもの」（著作権法2条1項1号）とされています。簡単に言うと、「創作的な表現」と言うことができます。具体例としては、①小説・脚本・講演など、②音楽（歌詞・楽曲）、③舞踊・無言劇、④美術、⑤建築、⑥図形、⑦映画、⑧写真、⑨プログラムが挙げられます。

本件において問題となっている「新聞の切り抜き」は、①に該当する著作物ですので、一般的には、記事を作成した記者が所属する新聞社が著作権を有しています。そうすると、新聞社に複製権、つまり新聞社が「同意なく記事をコピーするな」と主張する権利が認められることになります。

(2) 刑事上の責任

同様に、著作物を著作権者に無断でコピーすると、刑事的な責任を問われる可能性もあります。具体的には、国家が著作権侵害者を訴追して処罰することになります。**著作権侵害**は、故意に行うと犯罪になり、最高で「懲役10年又は1000万円の罰金、あるいはその両方」（著作権法119条1項）の刑罰を受ける可能性があります。ちなみに、法人の場合は、罰金額が最大で

3億円になります（著作権法124条1項1号）。

(3) 民事上の責任

　著作物を著作権者に無断でコピーすると、**著作権侵害**を訴えられる可能性があります。まず、民事的な責任ですが、著作権者が著作権侵害者を訴えて、侵害行為をやめさせたり（＝差止）、著作権侵害によって生じた損害の補填を請求したり（＝損害賠償請求）することができます。

(4) 会社内部での責任

　もし、従業員の行為に著作権の侵害が認められ、その行為が原因で会社が民事上の責任や刑事上の責任を負った場合、当該従業員やその監督をする上司は、会社から懲戒処分などの社内的な処分や、損害賠償などの責任を問われることがあります。

　ただし、その場合は、当該従業員の行為について、会社が把握していたまま放置していなかったか、各従業員に対して指導をしていたかなどの事情により、会社からの処分や請求が制限されることもあります。

● その後の経過

　本件は、なぜ起こったのでしょうか？　毎朝、当たり前のように届けられる新聞が「著作物」である、という意識は持ちにくいかもしれません。それが落とし穴でした。

　2005年に、ある鉄道会社が訴訟を起こされました。新聞社に許諾を得ることなく一部の記事を切り抜き、それをスキャンして画像データにし、社内イントラネットで従業員が閲覧できるようにした行為が複製権及び公衆送信権を侵害するとして、損害賠償の支払い等を求められたのです。

鉄道会社は「新聞記事は事実の伝達にすぎず、著作物とはいえない」などと主張して争いましたが、最終的には190万円の賠償を命じられました。判決は「掲載された記事は、相当量の情報をわかりやすく整理し伝えるなど、表現上の工夫がされていて、著作物と認められる。イントラネットに掲載したことは、著作権の侵害にあたる」というものでした。

私は若い頃に新聞社に勤めていたにもかかわらず、恥ずかしながら勝手に記事をコピペして回覧してはいけないことを、この一件によって知りました。

最近まで勤めていた自治体でも記事の切り抜きコピーが回ってきていたので、広報の担当者に「著作権対応はどうなっているのか」と聞いたところ、担当者からは「クリッピングのサービス契約をして許可を得ている」ということでした。しかし閲覧人数は、約50人はいたので大丈夫なのかな、と思いました。

最近はネット記事をコピペして、データのままイントラで回覧することもできます。こちらはどうなっているのかも気になってはいましたが、確認しないままでした。

閲覧者が多い大手企業や自治体は、コンプライアンスも厳しいのでクリッピングサービスを導入して許可を得ているところが大半ですが、閲覧者数が少ない企業はどうでしょうか？　また、新聞を社内で回し読み閲覧する場合はどうなのでしょうか？　閲覧人数に関係なく、契約者以外の人が業務目的で新聞を閲覧するときはどの範囲まで許されるのでしょうか？　総務や広報担当者は、必ずこれらを確認してスクラップ作業をしてください。

日常業務でうっかり著作権を侵害していないか、一度社内で確認することをお勧めします。

● 類似事例

教育現場での著作物は？

　公立小学校の教師が、担任するクラスの生徒（25 名）に、社会に興味を持ってもらおうと思い、○×新聞の切り抜きをコピーして配布した。

・著作物を学校でコピーすると？

　本件においては、「○×新聞の切り抜き」という著作物を、新聞社という著作権者の承諾なしにコピーし、配布することは、著作権侵害にならないのでしょうか。

　確かに、この事例における先生の行為は、前に述べたとおり、著作権侵害行為に当たりそうにも見えます。しかし、著作権法においては、「学校における例外措置」（著作権法 35 条 2 項）という定めが存在します。このように、著作権法では、教育活動の重要性に鑑み、学校などの教育機関等における複製等が一定の範囲で認められています。

　具体的には、この条項が適用されるには、

① 営利を目的としない学校等の教育機関における複製であること

② 教育を担任する者又は授業を受ける者の複製であること

③ その授業の過程における使用に供することを目的とする複製であること

④ 必要と認められ得る限度での複製であること

⑤ 公表された著作物の複製であること

⑥ 当該著作物の種類・用途、複製の部数・態様に照らして、著作権者の利益を不当に害することがないこと

が必要になります。

なお、実際に要件を満たすかどうかについては著作権法第35条ガイドライン協議会が作成名義人として発表した「学校その他の教育機関における著作物の複製に関する著作権法第35条ガイドライン」（https://www.jbpa.or.jp/pdf/guideline/act_article35_guideline.pdf）が参考になります。

　たとえば、①の条件について、私立の中学校であっても、条件を満たしますが、営利目的の予備校や私塾は、この条件を満たしません。また、③については、たとえば学校内で行われる、自治会主催の講演会や、PTA主催の親子向け講座は、この条件を満たしません。

　さらに、⑥について、ドリルやワークブックを1冊だけ買ってコピーして、生徒全員に配ることは許されません。なぜなら、そもそもドリルやワークブック（＝著作物）の「用途」として、最初から生徒児童が自ら購入することが想定されているため、このような行為は、著作権者の利益を不当に害すると言えるからです。

　この事例の場合、先生の行為は、自身が担当する授業において、クラスの生徒に配布する目的でコピーをしていますので、著作権法上の学校における例外措置が適用され、新聞社の承諾を得ることなく、○×新聞の切り抜きをコピーし、配布することが許されます。

Column 1

〔著作権〕
アート作品の利活用には、必ず作者の許可が必要

　2023 年 4 月に、大阪万博や IR（カジノを含む統合型リゾート）事業が認可されたことで沸き立つ大阪で、信じられないニュースが報じられました。それは、IR 推進のために大手企業が合同で投資して設立した企業が作成した集客施設のイメージ図に、世界的に有名な日本人アーティストの立体作品が描かれていたことに端を発しています。

　この作品は青森県立美術館に設置されているもので、高さ約 8.5 メートル、横幅約 6.7 メートルあり、同館を代表する作品として親しまれています。その作品の絵が描かれていること自体は、通常問題はありません。

　しかし、作者であるアーティストが、自身の Twitter で、「自作イメージが出てくるのだが、使用を許可したこともない、というか許可自体を求められたこともない。法律に詳しい方に聞いてみよう。そして、カジノとか、自分は基本的に好きではないです」とコメントしたことから、イメージ図に使用された作品の絵には、アーティストへの掲載許可がなかったことが発覚しました。さらには、この作品とは別の有名な世界的アーティストの作品をモチーフにした壁画のような画像も、動画として広報資料に使用されていることがわかりました。

　新聞によると、これらのイメージ図や動画はこの企業が制作会社に発注し、大阪府・市に提供したもので、府・市は事業者側からは「利用許諾が完了していた」との説明を受けていたというのです。ところが実際は何もしていなかったということでした。

後に企業も、大阪府・市もアーティストに連絡して謝罪をしたようです。幸い、アーティストの方々が、寛大だったようで、訴訟になることはありませんでした。

　私が驚いたのは、これから国際的に観光客を誘致しようとしている大手企業の連合体でも、コンプライアンスの意識が薄かったことです。大阪の中小企業の現場でも、有名アーティストの作品には著作権などがあり、使用許可を取ることは常識で知っているはずなのですが。

　さらに、このような有名なアーティストの作品は著作権だけではなく、いろいろな権利で守られています。ですから、使用するときは必ず専門家に相談するべきでしょう。制作会社任せではなく、企画立案者がしっかりマネジメントするべきであることは言うまでもありません。

事例5

インフルエンサーに謝礼を払って
PR動画を投稿していたら、
これは広告であり
「ステルス・マーケティング」だと
新聞に書かれ、抗議が殺到した。

景品表示法に違反する
可能性があります

　2022年は、この自治体にとって、自転車での観光推進を旗揚げした記念すべき年でした。

　観光需要を喚起するための施策として、自治体傘下にある協議会が、人気インフルエンサーに協力してもらってPR動画を撮影し、YouTubeに投稿しました。インフルエンサーには経費などを含めて謝礼を支払っていたのですが、PRであることを明記せずに、動画配信を続けていました。

　ところが3か月後、ある新聞に、「自治体のPR動画は、口コミを装って宣伝するステルス・マーケティング（ステマ）ではないか」という記事が出ました。

　事実、同協議会は県補助金で、インフルエンサー人件費10万円や撮影班経費9万5000円をはじめ、宿泊費や交通費など計62万1452円を代理店に支払っていました。

　にも関わらず、協議会は「自転車ユーチューバーが体験して、動画作成し公開しました」と、さも口コミ情報であるかのように説明していました。

　一連の新聞報道によって、市民からの抗議が殺到し、自治体側は対応に追われることになりました。

　報酬を支払って執筆・公開する情報は、それとわかるように「広告」「PR」と明示する必要があります。

(1) インフルエンサー・マーケティングとは？

　インフルエンサー・マーケティングとは、「インフルエンサー（SNSなどで影響力を持つ者の意）」に、商品やサービスの宣伝をしてもらい、消費者の消費行動を促すことを言います。インフルエンサー・マーケティングは事業者から直接配信する広告に比べて、消費者の共感を得られやすい効果があると言われています。企業がCMに有名人を起用するのと変わりはありませんから、インフルエンサーに広告を依頼すること、報酬を支払うことは、何ら問題はありません。

　しかしながら、本来は広告であるにもかかわらず、それを隠していると、「ステマ（ステルス・マーケティング）」という別の問題が生じます。

(2) ステルス・マーケティングとは？

　ステルス・マーケティングとは、マーケティングの手法のうち、それが宣伝であると消費者に気づかれないように行う宣伝活動のことを言います。従来、「サクラ」や「やらせ」と呼ばれていた宣伝活動です。ステルスとは、「こっそり行う」という意味で、敵のレーダーに探知されにくい機構を持つステルス戦闘機が語源です。

　具体的には、関係者が一般の消費者を装って商品のプロモーション動画をアップしたり、同じように口コミサイトに書き込みをするような広告の方法が例に挙げられます。消費者は、企業が発信する典型的な広告だけでなく、同じような立場の消費者の意見を商品選びの参考にしています。

中立的な意見だと信じ込ませるような広告は、消費者を裏切る行為であり、道義的にも許されるものではありません。

(3) ステルス・マーケティングに対する法的問題

❶「一般消費者が事業者の表示であることを判別することが困難である表示」の告示指定（景品表示法第5条第3号の規定に基づく指定）

これまでステマに関して、不適切であるとの指摘はされており、消費者庁のガイドラインでも「問題になる」との指摘もありましたが、これを直接規制する規制はなく、あくまで業界の自主規制に委ねられていました。しかしながら、2023年10月より、ステマ（一般消費者が事業者の表示であることを判別することが困難である表示）が規制の対象となりました。

❷ 景品表示法とは

一般の消費者は、広告を信頼して商品・サービス選びの参考にしています。仮に広告にうそが交じっていれば、それにだまされた消費者は不利益を被ります。このような不利益を防ぐために、**景品表示法**という法律が設けられています。

これにより、関係者が第三者を装って口コミ投稿したり、対価を受けたインフルエンサーが「広告」「プロモーション」「PR」「A社から商品の提供を受けて投稿している」など、広告であることが明らかである旨を示さずに広告することなどが規制の対象となります。

なお、自社商品の高評価依頼だけでなく、他社製品の低評価を依頼することも違反となります。

　自治体側は「動画の内容は、自治体の施策を、字幕などを活用して紹介していて関与は明白。特定の企業や製品の広告を目的にしていない」とステマの意図を否定しました。しかし新聞社の取材を受けた後に、動画の概要欄に「提供：○○協議会」と追記し、動画にも「プロモーションを含みます」と明示しました。また、それについて知事が会見で説明しました。

　せっかくの記念の年に観光施策を盛り上げようと企画したことが、このステマによって視聴者の信用を失墜させてしまったわけです。

　本件は、なぜ起こったのでしょうか。PR の担当者や管理者がそういう仕組みを知らなかったのだと思います。現場で SNS の指導をしていると、「情報発信のコンプライアンスやルールをよく知らない」という自治体の職員は少なくはありませんでした。

　インフルエンサー・マーケティングは、当たり前のプロモーション施策として定着しています。HIKAKIN さんなど、影響力が大きく、引っ張りだこになっているインフルエンサーもいます。

　ただし一方で、その影響力が真実かどうかわからない「自称」インフルエンサーもおり、海外のインフルエンサーに莫大な謝礼を支払ってインバウンド誘致をしている自治体を私は見てきました。効果の責任は取ってくれませんから、よほどインフルエンサーの活動を知っていないと反対にだまされるケースも少なくありません。きちんとしたインフルエンサーなら、広告表示のことくらい知っています。また、このステマについては、国も 2023 年 10 月法的な対策を強化しました。

　口コミ宣伝という新しい手法にまだ慣れていない方は、インフルエンサーの活用についてはよく検討し、表示にも注意する必要があります。

　2021 年に、在京キー局の複数の女性アナウンサーが芸能人も利用する美容室でヘアカットなどを無料で受け、その「見返り」として自らの SNS アカウントでお店の写真を複数回投稿。その投稿の一部を店側が「リポスト」（他のユーザーの投稿を自分の配信する記事などに引用すること）と言われる引用を行っていたことなどが「宣伝行為＝ステマ」に当たる、と報道され批判を呼びました。

　局側は「社員就業規則に抵触する行為が認められた。『対価性があるのではと疑われるような行為』については放送人としての自覚が問われる行動であり、関係者に対し厳正に対応した」とコメントしましたが、そもそも無償でサービスを受ける「見返り」に、多くのフォロワーを有するアカウントで宣伝性を隠匿した投稿が行われたこと自体、倫理的に大きな問題を含んでいます。

　このように、店側との間で投稿に関する依頼・やりとりがあったにもかかわらず、その説明や表示をしないまま行った女性アナウンサーの投稿、またその投稿を純粋な来店客のように引用した店側の行為は、SNS で数多く見かけるインフルエンサー投稿やプロモーション告知のそれと非常に酷似しています。

　「タイアップ」「PR」などの表記がないまま、「私はこのサプリメントを愛用しています」「この化粧品、とてもお肌がいい感じだから使ってみて」などと自主的な意思のように見せかけて投稿し、実はそのメーカー（事業者）から依頼され、商品の提供を受けて投稿数や閲覧数に応じたギャラが支払われたり、評価サイトに「最高点」をつけて SNS に投稿すればクーポン券がプレゼントされる、というようなプロモーション施策は、それを見る消費者

の印象や合理的な判断を惑わせる恐れがあります。

　このような善意のレコメンドを装ったソーシャルメディアによる宣伝広告は倫理的に許されない、という社会的気運は今後さらに高まっていくと考えられます。

事例**6**

商業施設において、
会社のプロモーションビデオを
撮影しようとしたら、
警備員に阻止された。

許可を得て撮影をしなければ、
民事上及び刑事上の責任を
負う可能性があります

　消費財メーカーのD社では、社長から「当社のプロモーションビデオを自分たちで撮って、YouTube に投稿して PR しよう」と指示があり、担当の広報部員たちは良いロケーションを探していました。ちょうど、会社の最寄り駅の近くに電鉄会社が運営している商業施設があり、その中庭が大変美しい場所だったので撮影場所に決めました。

　早朝、人通りが少ないうちに撮影しようと準備しました。ところが、その様子を見た商業施設の警備員が撮影スタッフの所に飛んできて「この施設は電鉄会社の持ち物ですが、ここでの撮影許可を取られましたか？」と聞くのです。その場にいた全員が「え？」と顔を見合わせました。

　「ここは買い物客が多く行き交う、みんなが集まる公共施設じゃないのですか？」と聞くと、「公共施設ではありません、商業施設です。ここで撮影したいのであれば、買い物に来られるお客様などにご迷惑がかからないよう、注意事項を守っていただく必要がありますから、撮影の許可を取ってください」と厳しく言われました。仕方なく、その日は諦めて引き揚げました。

　スタッフは、今まで個人的には、家族旅行やイベント会場など、いろんな場所で自由に撮影してきたので、許可が必要などとは思っていませんでした。では、個人的に撮影していた場所にも許可が必要だったのでしょうか？　なぜ許可が必要なのか。どういう場合に許可が必要なのか。まったく知識がなく、スタッフはみんな困惑しています。

商業施設などで撮影を行う場合は、所有権を持つ者の許可を求め、その条件に従う必要があります。

施設・敷地を所有・管理する者との関係

(1) 民事上の責任

多くの人が自由に出入りすることができる施設や敷地であったとしても、その施設や敷地を所有する者（＝所有権を有する者）がいます。所有権とは、その所有物を自由に使用、収益及び処分する権利であり、所有物を一般的・全面的に支配することができる権利です。

したがって、多くの人が自由に出入りできる施設や敷地であっても、所有権を有する者が定めたルールを守らなければなりません。また、所有権者から権利を与えられて施設や敷地を利用、管理する者（賃借人など）が定めたルールについても同様です。

家族旅行における観光地での撮影や、イベント会場での撮影も実は同様で、第三者に迷惑をかけるおそれのある撮影や商業利用などは制限されていることもありますし、どのような撮影でも無制限に許されるというわけではありません。

過去には裁判において、「一般に公開されている公園であっても、無制限に一般の使用が許されるわけではなく、使用について、合理的な理由のある制限を認めることができる」と判断されたこともあります。

この事例の場合、敷地・施設は電鉄会社の持ち物であり、電鉄会社が管理

をしているということであれば、電鉄会社が定めたルールに従う必要があります。電鉄会社としては、買い物客や施設で休憩する目的で訪れる人々については、自由に行き来してもらったり、施設や敷地を利用してもらって構わないと考えている一方で、動画を撮影するなどの、買い物や休憩目的ではない場合の利用については、本来の目的で利用する人の迷惑にならないよう制限をしていたものと思われますし、利用者はその制限に従わなければなりません。

また、撮影の許可の条件にも従わなければなりません。たとえば、撮影の条件として、「撮影したものは、私的利用に限定する」と条件が付されていたのにもかかわらず、本件のように企業のプロモーションビデオとしてYouTube に投稿したりした場合は、条件違反となりますので、許可の条件についてもきちんと吟味する必要があります。

万が一、ルールや警告を無視して撮影などを行って、所有者に具体的な金銭的損害を与えた場合は、不法行為や黙示的に成立した利用契約違反に基づく**損害賠償責任**を負う可能性があります。

(2) 刑事上の責任

たとえば、施設や敷地の管理者から撮影禁止を伝えられたのにもかかわらず、それを無視して撮影を続け、さらに施設や敷地から立ち退きを命じられたのにもかかわらずそれに従わなかった場合、刑法上の**不退去罪**に該当する恐れがあります。

また、撮影禁止を知りながら、動画を撮影する目的で施設や敷地に立ち入った場合は、**建造物侵入罪**に該当する恐れがあります。

すぐに逮捕され起訴されるとは限りませんが、法律上はいずれも、3 年以下の懲役又は 10 万円以下の罰金に処せられる可能性もあります。

他の一般人の映り込み

　施設や敷地の所有者、管理者から撮影の許可を得たとしても、一般人が行き来する場所で撮影をする以上、一般人が動画に映り込んでしまうこともあります。

　このような場合、その映り込んだ人から、**肖像権侵害やプライバシー権侵害**を訴えられる可能性がありますので、リスクを避けるために、対応する必要があります。詳しくは〈**事例9**〉（75ページ）で説明をします。

● その後の経過

　撮影スタッフが後日、改めて撮影場所の施設管理者に連絡をしたところ、撮影時に事故などのトラブルがないよう、入ってはいけない場所の指定や、通りかかった人の顔を撮影しない、通行人が通る動線で邪魔をしないなど、いくつかの注意事項を教えられ、承諾書にサインして、ようやく撮影許可がおりました。

　結局、施設管理者は万が一、撮影時にトラブルが発生したとき、その責任の所在も明確にして、安全かつ無事に撮影するようにしていたのだと知りました。撮影だけでも、いろいろな約束事があるものです。

　しかしこれを機に、彼らはソーシャルネットワークのリスクに高い関心を持ち、仲間を集めて専門家による講習会を実施しました。これにより、その後、彼らの配信する動画やその他のSNSではトラブルはなく、むしろビジネス的にも良い結果が生まれているようです。

事例は商業施設で撮影するケースでしたが、公道で撮影する場合はどうなのでしょうか。大通りに面した会社ビルの外観や、道路からビルに入っていく社員の姿、というのは、ありがちなカットです。

1. 問題点

公道を本来の用途である通行以外に利用しようとするときは、原則として、事前に道路使用許可を得ておく必要があります。また、入居するオフィスについても、施設管理権者の許可を得ておくべきと考えられます。

2. 使用許可

道路交通法では、「道路において（中略）ロケーションをする等、一般交通に著しい影響を及ぼすような通行の形態若しくは方法により道路を使用する行為又は道路に人が集まり一般交通に著しい影響を及ぼすような行為で、公安委員会が、その土地の道路又は交通の状況により、道路における危険を防止し、その他交通の安全と円滑を図るため必要と認めて定めたもの」をする場合には、その場所を管轄する警察署長の許可が必要である、とされています。

この規定を受けて、各都道府県の公安委員会が具体例を規定していますが、たとえば東京都の例であれば、許可を要する行為の1つとして「道路において、ロケーション、撮影会その他これらに類する行為をすること」が挙げられています。また、道路使用許可の違反については、「三月以下の懲役又は五万円以下の罰金」の罰則が定められています。

一人ないし、ごく少人数の知人と路上で個人的な撮影を行う程度であれば上記には該当しませんが、会社を挙げてある程度の人数を動員し、三脚など

の機材も用いて行う撮影は、一般交通に影響を与えることになると考えられます。

　上記のとおり違反には罰則の規定があることや、映像を公開した後のレピュテーションリスクなども考慮すると、一般交通への影響の程度が「著しい」（＝許可が必要）かどうかは自己判断をするべきではなく、少なくとも警察への事前相談を行い、必要に応じて事前の許可を得る必要があると思います。

　許可申請の詳細は、各都道府県のホームページや、警察庁から公表されている「ロケ撮影に伴う道路使用許可申請について」をご確認ください。

https://www.npa.go.jp/bureau/traffic/seibi2/shinsei-todokede/dourosiyoukyoka/location.html

事例7

会社の内情を
自分の SNS や掲示板に書いていたら
会社にバレてしまった。

名誉毀損に問われ、
厳しい社内処分が下される
可能性があります

　会社員Ｅさんは、SNSに書き込みをすることを気晴らしにしていました。

　その頃、仕事が非常に忙しく、Ｅさんのストレスは高まるばかり。忙しいだけなら我慢できたかもしれませんが、会社の業績は今ひとつパッとせず、ボーナスも前年を下回るような状態でした。

　いきおい、SNSに書き込む内容も辛辣になります。理不尽に見える上司の振る舞いや、協力的ではない同僚の姿勢。挙げ句の果てには、そうした状況を放置して、ただただ社員に厳しい労働を強いる役員、果ては社長の悪口まで、その内容はエスカレートしていきました。

　あるとき、Ｅさんは人事部から呼び出しを受けました。SNSへの書き込みが目に余る。しかも、会社の内情を、多くの人の目に触れる場に書くのは信用を失いかねない上に、倫理的にも問題があり、就業規則に反する。これが続くようなら、解雇処分となる可能性があり、また名誉毀損で訴訟するかもしれない、とのことでした。

　あまりの厳しい処分にＥさんは口がきけないほど驚きました。個人アカウントで書き込んだものが、どうして会社側にバレたのか。そのことにも驚きました。

　会社を攻撃しよう、誰かを傷つけよう、などという気持ちはありませんでした。ただ、憂さ晴らしをしただけです。会社のやり方は、行き過ぎではないでしょうか？

書き込んだ内容によっては、重いペナルティが科せられるおそれがあります。

(1) 刑事上の問題

❶ 名誉毀損罪

会社の内情を SNS や掲示板などに書き込み、社会に発信する行為は、たとえ個人のアカウントからのものであったとしても、会社の社会的評価を下げたり、外部への公表を禁止された情報を漏洩したりした場合であれば、犯罪となり、刑事罰を受ける可能性があります。

❷ 名誉毀損と閲覧制限

公然と事実を摘示し、人の名誉を毀損した者、すなわち、不特定多数人に対して、事実を摘示して、社会的評価を下げるような言動をした場合には、**名誉毀損罪**が成立し、3 年以下の懲役若しくは禁錮又は 50 万円以下の罰金に処される可能性があります。この事例の場合、個人のアカウントや SNS を使用したとのことですが、閲覧範囲を制限していない限り、不特定多数が閲覧できることになりますので、公然と事実を摘示したことになり、名誉毀損罪が成立し得ることになります。

仮に閲覧制限をかけていたとしても、閲覧できる人の範囲が広く、不特定多数の人に伝わる可能性（伝播可能性といいます）があれば、名誉毀損罪は成立し得ますので、必ずしも閲覧制限をすれば安全とは言えません。社会的評価を下げる表現は、誰のことなのかがわからないように対象者を特定されないように行わない限り、リスクがあると言えるでしょう。

❸ 名誉毀損とならない場合

名誉毀損罪に該当する行為であっても、公共の利害に関する事実にかかる

もので、かつ、その目的が専ら公益を図ることにあったと認める場合には、その事実が真実であることの証明又は真実と信じる相当な理由があれば責任を負いません。

　たとえば、社会的評価を下げる言動がすべて違法とされれば、政治の批判や企業の不正なども公表することができなくなってしまいます。そのような事態を防ぐために、表現の自由の観点からも、社会全体にとって有意義な事実であれば、社会的評価を下げるような表現でも許されることになります。

　この事例でも、実際の投稿内容から、会社組織を良くするために、内部通報のような意味合いで行った、というような事実が読み取れれば、免責される可能性はあります。ただし、単なる気晴らしということであれば、いかに過酷な労働でストレスが溜まっていたとしても、到底免責されません。

　ただ、いずれにしても、内部通報が目的、すなわち会社に問題を是正してもらいたいというのであれば、不特定多数の人に対して社会的な評価を落とすような表現を行わずとも、たとえばそれが労働問題に関わることであれば労働基準監督署に相談すればよく、許認可に関わることであれば許認可庁に相談するなどで対処し得る問題であると思われます。また、一定以上の規模のある企業では、公益通報窓口を設けていると思います。本来は、問題を是正してもらうという目的であれば、そのような法律上又は制度上準備された正当な手段によって、改善を促すことが穏当と言えます。

❹ 不正競争防止法

　会社の内情を、自身のSNSなどで書き込むことは、名誉毀損のみならず、**不正競争防止法違反**となる可能性もあるので注意が必要です。どのような行為が「不正競争」と言えるかは、不正競争防止法に規定されていますが、今回の場合は、公開した「内情」が不正な手段によって取得されたものであって、かつその内情が「営業秘密」であれば、不正競争防止法違反となる可能性があります。

ただ、ここでいう営業秘密とは、社内の文書やデータであればすべて該当するかといえばそうではありません。営業秘密とは、①秘密管理性：秘密として管理されていること、②信用性：生産方法、販売方法その他の事業活動に有用な技術上又は営業上の情報であること、③非公知性：公然と知られていないものであること、の3つの要件を満たす必要があります。

　すなわち、①社内規程などで、社内秘密であることが従業員らに周知されており、かつたとえばパスワードを付されたり他の情報とは別に管理されたりするなどして、一般の情報と合理的に区別されている必要があります。㊙などとスタンプが押してあり、鍵付きの金庫に保管され、担当部の部長以上と役員しか開けられないということであれば、営業秘密に該当しますが、従業員の誰もが見られる顧客リストで、特に秘密情報であることが周知されておらず、パスワードや厳格な保存もされていないものであれば、営業秘密とは認められないでしょう。

　仮に営業秘密の侵害をする行為を行った場合は、「10年以下の懲役若しくは1000万円以下の罰金に処し、又はこれを併科する」とされており、相当厳しい刑事罰を受ける可能性があります。

(2) 民事上の問題

❶ 名誉毀損等

　この事例でSNSに書き込んだ内容が、事実を摘示し、会社の社会的評価を低下させるようなものであれば、摘示した事実が公共の利害に関わるもので、公益目的で行われ、かつ真実であるか又は真実であると信じるに相当な理由がない限り、名誉毀損となります。

　その場合、名誉毀損に基づく損害賠償責任（慰謝料支払義務）や名誉回復措置を命じられる可能性があります。

❷ 不正競争防止法違反

　今回の行為が、不正競争防止法違反になる場合には、さらに責任が重く、

民事的に、次のような請求を受ける可能性があります。

① 差止請求：侵害の停止又は予防を請求される。

② 廃棄除去請求：営業秘密を記載した媒体の廃棄などを請求される。

③ 損害賠償請求：損害賠償を請求される。

④ 信用回復の措置：「営業秘密」の漏洩によって営業上の信用が害された
　　　　　　　　　ような場合には信用を回復するための措置（新聞等
　　　　　　　　　における謝罪広告など）を請求される。

(3) 労働法上の問題

　その行為が、社内規則に違反するものである場合には、当然懲戒処分の対象にもなります。

　違反が繰り返されている場合や、開示した事実が会社にとって極めて重要な事実である場合、あるいは会社が被った損害（社会的な評価の低下など）が甚大である場合には、従業員の立場なども踏まえて、懲戒解雇処分を受けることも考えられます。

● その後の経過

　Eさんは厳重注意の処分を受けました。気晴らしでSNSに書き込むことのリスクを知り、深く反省もしました。あのまま書き込みを続けていたら、内容はエスカレートしたかもしれませんし、深刻な情報漏洩などに至れば、解雇、訴訟となった可能性もあります。

　社員が会社の内情や愚痴、文句を自分のSNSに書き込むことはよくある話です。しかし、たとえ個人のアカウントだとしても、今は会社の内情を書くリスクは大変高いと思ってください。日頃の愚痴や不満といったレベルで

さえ、公にするのは誰にもメリットはありません。まして社外秘密となっている話や書類などの機密情報漏洩は、刑事事件にもなりかねませんので、絶対にやってはいけません。何が会社にとって大切な情報かわからないという人は、一切、書き込まないことです。というのも、実はこれらの書き込みはすべてバレてしまうからです。

　少なからぬ企業で広報担当者は、キーワード検索をしたり、5ちゃんねるなどをつねにチェックし、職員が会社を批判している内容を探すものです。社員の不祥事が大変多く、また会社の方針に異を唱えて訴えていた社員もいるからです。書き込んだ人は匿名なので自分は特定されないと思われているようですが、書いている内容などから身元は簡単にバレてしまうものです。

　また最近では、SNSアカウントの特定をしてくれるサービスがあります。企業の人事担当者が求職者の人間性やネットリテラシーを調査するのが主な目的で使われるこのサービスは、なんと裏アカウント（鍵アカ）特定率が88％を超えるとも言われています。そもそも、人事担当者の9割は応募者のSNS投稿をチェックしていると言われています。

　一方、興味深いのは、人事担当者は自分のSNSの発信に意外に無防備だということです。採用時期になると、あちこちで採用担当者のコメントが炎上します。なぜなら「採用してやっている」という態度が感じられるコメントなどが出てくるからです。これも会社としての倫理が問われることになります。最近も、採用に関して人事担当者が個人的なSNSに「金銭面や待遇面で会社を選ぶ人とは仕事をしたくない」という趣旨のコメントを投稿して炎上していました。すぐに「何かここブラック企業じゃん」とか「給与はこだわるでしょ」などのコメントが書き込まれて、その企業は非難の的となりました。最終的にはこの企業名も明白になり、企業イメージが失墜したわけです。

事例 8

ヘアサロンの PR 動画を
YouTube や TikTok などで配信。
店ではカットの仕方を撮影し、
店前でスタッフが
有名な歌手の歌と踊りの動画を
配信した。

著作権侵害の可能性が
あります

● 概　要

　あるヘアサロンでは PR を目的とする動画配信に力を入れており、ヘアデザイナー一人ひとりの個性を伝えるために、得意なダンスや歌を披露したり、宴会での様子など幅広くスタッフの日常を SNS で公開していました。画面に流れている楽曲はつねに最新の人気曲で、ダンスも人気グループの踊りであったり、カラオケで歌っているところを配信していたりと、面白く賑やかな動画で人気があります。

　ある日、店に一本の電話がかかってきました。相手は何とスタッフたちが大好きで、いつもその曲で踊ったり歌ったりしているアーティストが所属する芸能事務所です。

　「お店の動画が人気で話題だというので拝見しましたら、うちの歌手の歌や踊りを真似ていらっしゃることを知りました。楽曲には著作権があるのですが、JASRAC に使用許可の申請をされていませんよね？」

　オーナーは驚きました。

　「これって許可が必要なのですか？　そんなこと何も知らなくて……」

　芸能事務所は「許可が必要なのは常識です。われわれとしては使用したものについては請求しなければなりません」と言います。

　オーナーは楽しいコンテンツで店のイメージを上げ、スタッフのことを知ってもらおうと考えていただけなのですが、本当に使用料を払わなければならないのかな、と首をひねっています。

　既存の楽曲を動画などに使用する場合は、事前に著作権者に許諾を求め、規定の使用料を支払う必要があります。

(1) 著作権について

　〈事例4〉（33ページ）でご説明したとおり、小説・脚本、音楽、美術、建築等といった創作的な表現、すなわち著作物には、著作権が発生します。

　この事例の場合、歌詞や楽曲が著作物に該当するのはもちろんのこと、ダンスの振付についても、著作権が発生することがあります。そのため、人気曲の歌やダンスを著作権者の同意なしに動画配信サイトに投稿すると、**複製権**や**公衆送信権**、**氏名表示権**を侵害してしまうこととなります。

　ちなみに、TikTok などの一部の SNS サービスは、JASRAC と包括的利用許諾契約を締結していますので、その範囲で楽曲を利用することは適法です。とはいえ、すべての楽曲が網羅されているわけではありませんので、以下では、使用された楽曲が包括的利用許諾契約外のものであったことを前提に、検討を進めます。

　なお、Instagram のストーリーは、原則 24 時間で消える仕様となっていますが、著作権侵害は、複製や投稿の瞬間に成立しますので、24 時間後に消えたからといって、著作権侵害の事実までなくなるわけではありません。後から自分で消した場合も同じです。

(2) 無料配信なのに著作権侵害となるのか？

　この事例でヘアサロンは、YouTube や TikTok、Instagram のストーリーなどの動画サイトに映像を投稿したとのことですので、これらは無料の配信

と考えられます。このように、観客から入場料やチケット代等を受け取らない無料配信の場合でも、著作権侵害は成立するのでしょうか。

答えは、「成立する」です。以下、順を追って説明します。

著作権は、著作権者の権利保護と著作物の利用促進とのバランスを取るため、一定の場合には権利が及ばないこととされています（〈**事例4　類似事例　学校で新聞の切り抜きをコピーして配布した**〉でご紹介した教育機関等での複製もその一例です）。

この事例に関して言えば、公表された著作物は、①営利を目的とせず、②聴衆又は観衆から料金を受けず、かつ、③出演者に報酬を支払わない場合には、公に上演し、演奏し、上映し、又は口述することができる、とされています。

そうすると、YouTube などでの配信は①～③を満たすから、やはり著作権侵害にならないのでは？　となりそうです。しかし、ここで注意しなければならないのは、「上演し、演奏し、上映し、又は口述することができる」とされている点です。

これらはいずれも、直接観客に対して披露する行為を指しており、動画配信（＝著作権法上の言葉では公衆送信）行為はこの中に含まれません。動画配信は、個人によるものであっても、今や世界中の極めて多数の人に映像を届けることができてしまうので、そのような行為まで含めると、著作権者の不利益が大きすぎ、バランスを失すると考えられるためです。したがって、無料配信であっても、著作権侵害が成立します。

では、上演（たとえば店の前や街角での歌やダンスの披露）であればセーフなの？　とお考えの方もいらっしゃると思いますので、もう一言、加えておきます。

残念ながら、その場合でも、著作権侵害が成立する可能性が高いといえます。それは、①の要件を満たさないと考えられるからです。つまり、①の営

利性の要件を満たすには、間接的にも営利を目的としていないことが必要です。しかし、たとえ無料コンサートであっても、ヘアサロンの広告・集客目的で行うものは、営利性があると判断される可能性が高いのです。

よって、いずれの場合にも、事前に著作権者の許諾を得ておく必要があるということになります。

(3) ダンスが著作物にならないケース

やや余談になりますが、音楽のメロディーには無限のパターンがありそうなのとは対照的に、ダンスは、基本的には他のダンスでも使われているステップや体の動き（一種の技）の組み合わせです。そのため、1つひとつのダンスに個々に著作権が発生するとなると、ダンス業界は著作権侵害だらけになってしまいそうです。

裁判例も、このことを意識してか、ダンスの著作権は厳しめに認定する傾向にあります。

たとえば、映画『Shall we ダンス？』のダンスシーンの社交ダンスの振付に著作権が認められるかどうかについて争われた裁判において、裁判所は、社交ダンスの振付に著作権を認めるためには、「単なる既存のステップの組み合わせにとどまらない顕著な特徴を有するといった独創性を備えることが必要である」と述べ、その事案におけるダンスに著作権を認めませんでした。

ある人に著作権を認めるということは、他の人がそれを自由に行うことができなくなるということを意味します。このように、著作権法は、創作者に著作権を認めることによる創作活動の奨励と、その反面における公衆による自由な活動とのバランスをつねに図ろうとしています。ダンスの著作権に関する上記のような制約は、その1つの表れと言えます。

(4) JASRAC とは？

　時代の人気曲をはじめ、社会に公表されている音楽の多くは、著作権管理団体が著作権を管理しています。圧倒的多くが JASRAC（日本音楽著作権協会）ですが、他にも NexTone 等の団体があります。

　利用しようとする楽曲が JASRAC の管理下にあるかどうかは、そのホームページから簡単に検索できます。ここにないものは、他の著作権管理団体を当たってみて、それでも見つからなければ、著作者や音楽会社に直接問い合わせることになります。

　利用許諾は、個別に受けるものと、年間を通じて包括的に受けるものがあります。JASRAC のホームページでは、用途ごとに分かりやすく分類されていますので、利用の際はそのガイダンスに沿って申し込みをすることができます。

● その後の経過

　結局、芸能事務所から「今までの使用料を支払わなければ訴訟を起こす」とまで言われて、ヘアサロンのオーナーは慌てて弁護士に相談し、それまでの著作権使用料については話し合いで示談となりました。無論、それからは使用許可を取ることにしました。「知らない」では済まされない、典型的なケースです。

　会社、あるいは店のイメージアップのために、このような既存コンテンツを活用したいというケースは少なくないと思います。ただ、それを SNS 上に公開すると不特定多数の人びとが見ることになり、かなりの確率で権利者が知ることになります。「黙っていればわからないだろう」というのは通用しません。

楽曲の使用は、基本的に許可が必要である、と考えておいた方がいいでしょう。この事例は、まったくの個人の趣味のためではなく、ヘアサロンのPR という商業目的で動画が作成されていますから、楽曲や映像などの著作権の使用に関しては厳しいのは当然なのです。

社員の個人 SNS の動画で
「俺が映っている」と抗議された。

社員が、**肖像権侵害**に伴う
責任を負う可能性があります

　企業にとって、社員がプライベートで使う SNS は頭の痛い問題ではない
でしょうか。普段の働きぶりはきっちりしていて信頼が置けても、匿名で使
える SNS でどのような発信をしているかはなかなか目に見えません。

　〈事例2〉は、まさにその典型例でしたが、ネットでは、実はまるで別人
格……舌鋒（言葉）鋭く、誰かの意見を批判したり誹謗したりで炎上が起き
て、個人や会社を特定される……という事例も耳にします。とはいえ、使用
禁止にするわけにもいきませんし、結局は「気をつけて」と伝える程度の注
意喚起にとどまることも少なくないようです。

　ある企業の女性社員は、プライベートの休日に訪れた場所で動画を撮るの
が趣味。観光地の風景や自撮り、レストランでの写真を頻繁に SNS にアッ
プしています。同僚も彼女の投稿を楽しみにしているようで「日曜日のラン
チはどうだったの？」などと会社での会話も弾んでいるようです。

　ところが、ある日「困ったことになった」と上司に相談をしてきました。
聞けば、投稿した観光地での自撮り動画について「あなたの後方に私が映っ
ている。会社に内緒で休日を楽しんでいたのに、ここにいたことが会社や同
僚に知られたら大変なことになる。肖像権の侵害だ。どうしてくれる。抗議
に行く」とコメントが送られてきたとのことです。映像を見ると確かに彼女
の後方1、2メートルのところにコメント主と思しき男女2人が十数秒間
映っていて、表情や服装も確認できます。意図してカメラを向けたわけでは
ありませんが、誰が映っているかははっきりわかります。

　SNS に会社の名前は公表していませんが、「顔」は露出しているので、も
しかしたら会社を特定されるかもしれない……と不安な様子です。個人の投
稿とはいえ、会社としては怒鳴りこまれてしまうと別の問題も発生しそうで、
どう対応すればいいか、不安があります。

インターネット上、SNS 上に人が写っている写真や動画を勝手に投稿してしまうと、勝手に投稿された人の**肖像権侵害**が成立する恐れがあります。肖像権とは何かについては、〈**事例1**〉（11 ページ）をご参照ください。

(1) 肖像権侵害

肖像権侵害に当たるかについては、一般的には、①写り込んだ人の顔が特定できるか、②写り込んだ人が写真や動画のメインになっているか、③写真や動画が拡散性の高い媒体で公開されているか、④撮影場所が撮影されることが予測される場所であるか、等の事情が考慮されます。

この事例では、①写り込んだ人の顔が特定でき、②インターネットのSNS 上という拡散性の高い媒体で公開されている一方で、③あくまでも写り込んだだけであり、動画のメインにはなっていないこと、④観光地というカメラで撮影されることがあらかじめ十分予測できるような場所での撮影であり、肖像権の侵害にあたらない、と主張することもできます。

万が一、肖像権侵害を訴えられた場合は、上記③と④という有利な事情を挙げて肖像権侵害がないということを主張していくことになりますが、まずはそのようなことが起こらないように、投稿する前に写り込みがないかチェックすること、どうしても写り込みがある写真や動画をアップするのであれば、本人が特定できない状態まで加工（モザイクやぼかしなど）することが重要です。

(2) 肖像権侵害の場合のペナルティ

肖像権が侵害された場合のペナルティについての詳細は、〈**事例1**〉（11ページ）をご参照ください。

❶ 社員の個人的な責任

本件では、動画は削除されていますので、動画の公開についての差し止めは問題となりません。しかし、肖像権侵害が認められた場合、金銭賠償の責任を負う可能性があります。この事例で言えば、勝手に写り込んだ動画を公開したことで、写り込んだ人に対し慰謝料を支払う必要が生じる恐れがあります。

❷ 会社の責任

写真の撮影やSNSへのアップが会社の業務の一環として行われた場合、会社は社員の行動につき、相手方に対し社員と同様の責任を負うことになります（**使用者責任**）。

しかし、この事例の場合は、社員がプライベートの休日に訪れた場所で動画を撮影し、SNSにアップした行為が問題となっていますので、会社が相手に対して直接的に民事上の責任を負うことはありません。

❸ 相手が会社に怒鳴り込んできたら？

社員が情報を公開していない場合、勤務先の会社を特定することは困難です。また、本件の場合、会社には責任がないため、仮に肖像権侵害があったとしても、個人に対して請求をするべきであり、関係のない会社に対して怒鳴り込むことはお門違いです。ですから、そのような場合は必要以上に社員に負担をかける行為であるとして、逆に怒鳴り込んだ側にペナルティが科せられることもあります。当然ながら、弁護士としても、肖像権を侵害された側の相談を受けたとしても、通常は、決して会社に請求したり、直接連絡を取ったりすることのないようにアドバイスをします。

しかし、相手方が勤務先を特定し、専門家にも相談せず、会社に怒鳴り込んできた場合はどうすればよいでしょうか。上記のとおり、会社は相手方に対して責任を負うことはありませんし、問題となっている社員と会社で話をさせなければならないという義務も一切ありませんので、請求するのであれば個人間で対応するように伝え、しっかりとお引き取り願うよう伝えてくだ

さい。それでもなお、居座るようであれば、刑事的に**不退去罪や業務妨害罪**が成立する可能性がありますので、速やかに110番通報して警察に対処してもらうことで差し支えありません。

このようなクレーマーも警察沙汰になった場合おとなしくなるのが一般的ですが、それでもなお繰り返し怒鳴り込んできたり、警察が民間同士のことだからといって強く対応しなかったりした場合は、弁護士など専門家に相談の上、別の方法をとることもご検討ください。

● その後の経過

抗議を受け、女性はすぐに謝罪のメッセージを送り、投稿を削除したと言います。その対応に抗議主も納得し、それ以上は何事もなく終わりました。

この事例は、あくまで個人の動画ですが、企業のSNSでも本質は同じです。スマホで手軽に動画撮影ができる時代ですが、映像に何が映っているか、そこにどんな情報が含まれているか、画面の隅々まで気をつける必要があります。

事例 **10**

媒体に扱われた映像や記事を
スマホで「接写」し投稿した。

著作権侵害となり、
民事上、刑事上の責任を負う
恐れがあります

　自社の商品やサービスがテレビ・雑誌などのマスメディアに取り上げられたところ、SNSでの拡散も重なり、予想をはるかに上回る反響の大きさに驚いた、といったケースが増えています。しかし、そこまでの大きな反応でなくても、やはりプロモーションを展開する上で大きな効果が期待できる、と考えることは経営の上で自然なことだと思います。しかし、「マスメディアに扱われた」事実を自社のオウンドメディア（SNSやYouTubeなど）で発信するときは、その権利を侵害しないよう注意が必要になります。

　関西の地方都市でイタリア料理レストランを営むFさん。お店にテレビ局から取材を依頼する電話がかかってきました。「Fさんのお店をグルメ企画で取り上げたい。ロケにはタレントも同行する。料理を作っていただくなど、撮影にご協力いただけないか」との丁寧な依頼で、Fさんはこれを快諾しました。入念な打ち合わせを経て迎えた撮影当日、有名タレントが来店。Fさんの料理を「おいしい、素晴らしい」と表情豊かに絶賛し、無事ロケは終了しました。

　自ら腕を振るった料理を褒められて悪い気などするはずがありません。Fさんは、番組の放送を心待ちに、店のSNSに「◎月◎日△△の番組で当店が紹介されます」とスマホで撮影したロケ風景の写真を添えて事前告知。そして迎えた当日、番組のグルメ企画ではFさんの料理が美しく映し出され、タレントの絶賛コメントとともに無事放送。記念に、とFさんは自宅テレビで流れるこの放送をスマホで動画撮影しました。

　放送終了と同時に、次々と友人知人から「番組見たよ」のLINEやメールが届きます。反響の大きさを実感したFさんは、これはよい宣伝になる……とSNSに「私の店が今日△△の放送で取り上げられました！」とスマホで撮影した放送の動画を添えてアップしたのです。

ところが後日、ロケの担当者から「先日はお世話になりありがとうございました。ただ、Ｆさんが SNS にアップされているロケ風景の写真と放送の動画の投稿は、タレントさんや放送局が持つ権利の侵害に当たるので削除をお願いします」と連絡がありました。

● 法律家の視点

　テレビ番組は、放送局、実演家（俳優やタレントなど）、脚本家、制作会社など多数の関係者により制作されたもので、「著作物」に当たります。したがって、テレビ番組の著作者には著作権が成立します。著作物・著作権の内容については、〈事例4〉（33ページ）を参照してください。

（1）テレビ番組は著作物
　著作権者の承諾を得ないまま、放送された番組をスマートフォンなどで撮影し、それを SNS にアップロードして自店の宣伝に利用することは、たとえそれが自分の店を紹介する企画であったとしても、テレビ番組の著作者の**著作権侵害**になり得ます。

（2）著作権侵害をしてしまうとどうなる？
　こちらも詳細は、〈事例4〉（33ページ）参照していただくことになりますが、民事的な責任としては、著作権者から、SNS への公開を差し止められたり、著作権侵害によって生じた損害の補填を請求されたりする恐れがあります。また、刑事的な責任としては、「最高で懲役10年又は1000万円の罰金、あるいはその両方」の刑罰を受ける可能性があります。

(3) どうすれば著作権侵害に当たらないか

❶ 著作権者から使用許諾を得る？

本件のように、テレビ番組を自店の宣伝に利用したい、というときは、原則としてテレビ番組の著作権者から使用許諾を得る必要があります。しかし、テレビ番組は、放送局だけが著作権を有しているわけではなく、出演している俳優やタレント、脚本家、制作会社など、著作権者が複数存在するのが通常です。しかも、この著作権者の間ではある著作者が違う著作者に著作権を譲渡したり、使用許諾をしたりなどの契約が締結されている可能性もあり、誰が許諾を行う権限を持っているかが外部から非常にわかりづらいものです。

したがって、事実上、権利を持っているすべての人や会社から使用許諾を得ることは難しいと言わざるを得ないでしょう。

❷「引用」する？

著作権法上には、著作物であっても、「引用」して利用する場合は、著作権者の許諾を得なくても、著作権の侵害には当たらないという定めがあります。典型的な例は、学術論文で他人の学説を批判して自説を展開する際に、その他人の学説をそのまま論文内に記載するというような行為が当たります。それでは、今回のようなテレビ番組を自身のSNSにアップロードする行為は、「引用」ということはできないのでしょうか。

「引用」と認められるためには、次の条件を満たす必要があります。

① 対象となる著作物が公表されていること

② 引用部分が自分の作品と明確に区別されていること

③ 自分の作品と引用部分が主従関係にあること

④ 公正な慣行に合致していること

⑤ 正当な範囲内であること

たとえば、②の条件については、文章であれば「」をつけるなど、自分の作品と他人の作品部分が明瞭に区別されている必要があります。また、③の条件については、一般的に自分の作品部分がメインであることが必要であり、

引用している部分だけで鑑賞できてしまう場合は、この条件を満たしません。④については、ケースごとの判断になりますが、過去の裁判例においては、出典が明示されているかどうかで判断されるケースがあります。

　しかし、本件の場合、SNSの投稿のメインは、どのように評価してもテレビ番組そのものであることからすると、SNSへの投稿が「引用」に当たると主張するのはかなり難しいといえます。

● その後の経過

　Fさんは、すぐにSNSにアップした動画を削除しました。

　自らの事業のサービスや商品が取り上げられるなど、テレビ番組や記事を静止画・動画で引用しているケースは、SNS上で多く見かけます。しかし、こういった引用は単なる出版社や放送局の権利のみならず、タレントの肖像権や記事内写真の権利などが複雑に関係しているため、「ちょっとくらいいいだろう」と安易に引用することはのちのち問題になる可能性があることを知っておいた方がいいでしょう。

　「テレビ番組で紹介されました」という宣伝効果はかなり大きいものと言えます。実際、店頭において、店舗が紹介されたテレビ番組を繰り返し流したり、テレビ番組の一場面を写真で撮影したものを掲げたりするお店はよく目にするかと思います。このような行為は、テレビ番組の著作権者側にそれほど悪影響がないことから黙認されていることも多いのが現状です。

　しかし、これはあくまでも黙認されているというだけで、著作権侵害に該当する恐れがあることは変わりませんし、誰でも見られるSNS上にアップしたりすると、著作権者側も無視できなくなってきます。

　「自分のお店を撮影したものだから」、「宣伝効果が大きいから」、といって、安易にSNSなどにアップするのは避けるべきでしょう。

Column 2

〔肖像権〕
プロモーション業務で起用したタレントの画像の取り扱い範囲は？

　広報やPRの仕事をしていると、プロモーション業務で、人気タレントさんを起用することが時々あります。またテレビや雑誌の取材などで、直接タレントさんが来られて取材してくださったり、紹介してくださったりすることもあります。

　このようなとき、たとえ仕事といえども有名なタレントさんを直接目の前にするとつい嬉しくてテンションが上がってしまいます。取材やテレビの撮影が終わると、記念に一緒に写真を撮っていただくようお願いすることもあります。気さくなタレントさんなら大抵「いいですよ」と快く引き受けてくださいます。

　しかし、タレントさんの写真や映像は、事務所や本人の了解なしにテレビ番組の放映日や雑誌の掲載日前に勝手に公開してはいけません。たとえば、自分のアカウントでSNSに自慢げにアップするなどというのはご法度であり、常識の範囲を逸脱するものです。

　また有名な大手タレント事務所には、業務として納得して採用する画像以外のものは一切使用してはいけない、という厳しいルールに基づく契約書を事前に交わすところもあります。無論、記念撮影なども受けてはくれません。後ろ姿でもダメです。タレントさんは、彼らの姿そのものが商品ですから当然と言えば当然です。

　ところが、タレントさんが野外イベントに参加していたり、多くの観客の中で仕事をしていた場合、偶然通りかかった一般の方やそのタレン

トのファンが、スマホなどで写真撮影されたものを SNS に載せている
のはよくあることです。中にはその写真を転売する人もいます。

　また行政の広報誌などには、その土地の出身であるタレントさんが観
光大使として広報活動に協力しているケースが多く、広報誌の表紙を
飾ったり、インタビューに応じていたり、PR 動画に出演していたりし
ています。人気タレントが出ている無料の広報誌を市民が転売する、と
いうケースも時々あります。行政は厳しく警告していますが、後を絶た
ないのも事実です。

　タレントさんを自分のカメラで撮ったという写真の場合でも、契約を
交わしていない目的外の画像の使用はできない、ということは覚えてお
いてください。たとえギャラを支払って、タレントさんを起用したスポ
ンサー企業の広報担当者が、PR のために本来の使用目的以外に画像を
使用する場合でも、必ず許可を取ることです。企業や行政の信用問題に
もなりますから、広報 PR 担当者といえども、やってはいけないのだと
心しておいてください。

事例 11

ヒット曲の「替え歌」を
会社の公式ホームページで公開し、
イメージアップを図った。

著作権侵害の恐れが
あります

　若手の新卒採用に注力している中小企業G社は、毎年会社や職場の雰囲気の明るさをアピールするため、社員が5分程度の動画を制作しています。

　当初は日常の社内の様子や、社員へのインタビューで構成していたのですが、どうせなら見ている学生にも好印象が残るものを入れようと考え、動画の中に「替え歌」を入れて制作するようになりました。

　人気のJ-POPアイドルのヒット曲のメロディーに乗せて、歌詞は「♪飛び出そう○○○（G社企業名）」「♪あなたと業績上げられる未来へ」のように、オリジナルの一部を企業名や会社の日常に作り変え、歌の上手い女性社員が踊りながら熱唱。明るくて雰囲気のいいリクルート動画が完成し、会社の公式ホームページやYouTubeに公開しました。

　学生からは「明るい、いい会社」といったポジティブな反応が多く、担当社員も喜んでいたのですが、ある学生からこんなメールが届きました。

　「御社の動画を見てとてもいい印象を持ちました。ただ、この動画はいわゆるパロディになると思うのですが、著作権法上問題はないのでしょうか」

　正直なところ、担当部署の誰もが、替え歌が著作権などの法律に触れると考えたこともありませんでした。この指摘を受けてネットで替え歌やパロディと法律の関係を検索してみると、確かに「侵害」「改変」「人格権」など難しい言葉が並んでいて、どうやら簡単に「替え歌」や「ダンス」の動画を公開してよかったのか、難しい問題だということがわかり始めてきました。

● 法律家の視点

(1) 著作権、著作者人格権

　本件で替え歌の元になった人気のJ-POPアイドルのヒット曲も著作物で

すので、歌詞と楽曲（メロディー）に**著作権**が発生します。

　また、著作物には、著作権（著作財産権）とは別に、**著作者人格権**が発生します。著作者人格権とは、**同一性保持権**（意に反して著作物及びその題号（タイトル）の変更、切除その他の改変を受けない権利）、**公表権**（無断で公表されない権利）、**氏名表示権**（著作者として氏名を表示する権利）の3つからなります。

　替え歌は、通常は歌詞の一部を変更するということですので、これを無断で行えば、歌詞の著作物について**複製権**、**翻案権**（既存の著作物に依拠し、その表現をアレンジして別の著作物を創作する権利）、同一性保持権の侵害となり得る他、公式ホームページ等で公開すれば、楽曲（メロディー）の著作物と併せて**公衆送信権**（インターネット等で著作物を公衆に直接送信する権利）の侵害ともなり得ます。

　（ダンスの模倣については、**〈事例8〉**（67ページ）をご参照ください）

(2) パロディと著作権侵害の関係

　替え歌はパロディの一種と言われますが、パロディという語に、法律上の確たる定義はありません。一般には、「原作（利用される著作物等）を模して、滑稽化した作品を指し、原作を揶揄するもの、社会を風刺するもの、原作を利用して新たな世界を表現するもの」などとされますが、これらに限定されるわけではありません。[1]

　パロディは、既存の著作物の上に成り立つものではありますが、新たな創作の一面も含みますので、文化の発展等に社会的な意義があることは否定できません。他方で、これを広く認めすぎると、既存の著作権者の権利が蔑ろにされ、新たな創作意欲が削がれてしまうことになりかねません。

　それでは、著作権法上、どのような範囲であればパロディが許されるので

1　中山（2020）p. 503

しょうか。この点については、**同一性保持権**の侵害が争われた場面で、最高裁は、パロディ元となった著作物の表現上の本質的な特徴を直接感得することができるか否かである、と述べました。

　一見つかみどころのないような判断基準ですので、これだけではよくわからないと思われたかもしれませんが、大まかに言うと、一般の方がパロディ作品を見てパロディ元の著作物を想起できてしまえば、そのパロディは同一性保持権の侵害となる可能性が高いと考えられます。そして、世間に向けて発表されるパロディ作品のほとんどは、多くの人にパロディ元の著作物を思い浮かべてもらって初めて意味を持つと思われますので、世のパロディのほとんどは、著作権法上アウトという整理になりそうです。

　目を海外に向けてみると、米国著作権法では、パロディはフェアユース（公正な利用）として許容される場合があるとされています。このような考え方から、日本でも、**「やむを得ないと認められる改変」**（著作権法 20 条 2 項 4 号）を根拠に、パロディが許容される余地を唱える見解もあります。

　しかし、現時点では、同様の判断をした裁判例は見当たりません。法改正がなされない限り、パロディは原則違法と考えておいた方がよさそうです。

(3) 改変しない替え歌？

　最初に説明したとおり、楽曲の著作権は、歌詞と楽曲（メロディー）のそれぞれに生じます。そのため、この事例を離れて、歌詞を最初から最後まですべて改変し、元のメロディーに乗せて歌った場合を想定すると、それは**翻案権の侵害**にも、同一性保持権の侵害にもならないと考えられます。歌詞の改変も、楽曲の改変もないからです。翻案権や同一性保持権は、いずれも、著作権者（著作者）の意思に反して著作物を改変されない権利ですので、改変がない以上、権利侵害は成立しないのです。

　もっとも、上記のような完全な替え歌で翻案権や同一性保持権の侵害がな

い場合でも、これをSNSに流せば、その行為は楽曲（メロディー）の著作物について、**公衆送信権侵害**を構成する可能性があるので、注意が必要です。

● その後の経過

G社は検討の上、公式ホームページやYouTubeから替え歌動画を削除しました。「いっそ、音楽が得意な社員にオリジナルの歌を作ってもらおうか」など、新たなイメージアップの手法をみんなで考えています。

企業が自社のコンテンツで、他の創作物をかなり具体的な形で「引用」するときには著作権をはじめ関係法令に触れることのないよう十分に注意する必要があります。単なる著作権という権利だけでなく、作り変えた内容が倫理的に行き過ぎたものとなれば別の問題も発生します。

またコンテンツ創作のときだけでなく、SNSで自社商品やサービスに関するユーザー等が行った動画・画像の投稿をリツイート・引用する際も、そのオリジナル投稿が改変されたりすると、著作権法や関係法令上の問題が発生することがありますので、「○○から○○の動画やイラストを拝借しよう」という行為は、それそのものでなくてもネットにおいては「危ない」と覚えておくことが大切です。

映像やプレスリリースに限らず、創作物を生み出そうとするときに別の事例や従前の作品を「参考」にすることは少なくないと思います。ゼロから新しいものを作り出すのは大変ですし、時間や手間もかかってしまいます。過去に他の人、企業が作ったものを「参考」「刺激」にして「発想」し、別のものを生み出すことは日常的に行われていると思います。

しかし、その「参考」が行き過ぎてしまい、「模倣」や「パロディ」の範疇にまで及んでしまうことになると要注意。作り手がプロであれアマチュアであれ、**知的財産権**を侵害する可能性が出てくるので注意が必要です。

事例 12

女性社員を「職場の華」などとする
WEB 動画を公開した。

ハラスメント、
性差別的な表現として
指弾される可能性があります

　2015 年、首都圏で商業施設を運営する企業が公開した WEB 動画が「炎上」しました。

　公式ホームページに公開されたその動画は、「働く女性を応援する」シリーズの第 1 話として、朝、会社に出社する主人公の女性が、上司らしき男性に容姿や職場での存在感を揶揄され、「変わらなきゃ」と自らを奮い立たせる……という内容です。

　「なんか顔疲れてんな、残業?」と話しかけられた女性は、「いや、普通に寝ましたけど」と返しますが、「寝てそれ?　ははははっ」と軽く嘲笑する男性。さらに男性は、主人公より年下と思しき女性に「おはよう、髪切った?」とにこやかに声をかけた後主人公につぶやきます。「やっぱかわいいな、あの子」。女性が「そうですね、いい子だし」と返すと男性が言います。「大丈夫だよ。需要が違うんだから」

　この後動画は、全面に字幕で「【需要】　求められること。この場合、「単なる仕事仲間」であり「職場の華」ではないという揶揄」との説明が入り、浮かない表情の主人公の姿に「最近さぼってた?」「変わりたい?　変わらなきゃ」とのナレーションとキャッチコピーが入る、という約 1 分の内容となっています。

　第 1 話とあることから、この動画はシリーズとして何作かが続編として企画されていたと考えられますが、「女性差別だ」などとネットを中心に批判が巻き起こり炎上しました。

（1）ジェンダー問題と表現

近年、会社がホームページや SNS でさまざまなコンテンツを発信することがよく行われていますが、このような発信は、世の中に**会社の立場や意見の表明**と捉えられることがあります。一見法律には抵触しないように見えても、レピュテーションリスクの観点からは、立場等の表明と捉えられる恐れのある発信は、極めて慎重に行わなければなりません。この事例は、ある会社の発信が、**ジェンダーに関する社会の認識と乖離してしまった**というものです。

社会の感覚や常識は日々移り変わりますので、過去の裁判例が必ずしも現在の社会通念を反映しているわけではありませんが、裁判実務ではジェンダーの問題がどのように取り扱われているかを紹介するために、以下では、ジェンダーに関する近年の裁判例を取り上げてみたいと思います。

（2）裁判例

❶ 経済産業省トイレ利用制限事件

2023（令和 5）年 7 月 11 日、最高裁判所である判決が言い渡されました。

事件の概要は、戸籍上は男性で、性別適合手術は受けていないものの性自認は女性である経済産業省職員が、職場での女性用トイレの利用を求めたところ、その執務室がある階から 2 階以上離れたトイレの使用のみが認められたため、そのような利用制限が違法であるとしてその判定の取消し等を求めたものです（争点は他にも多岐にわたっていますが、ここでは割愛します）。

第一審（東京地裁）は、職員の主張を認め、トイレの利用制限は違法であると結論しました。これに対し、控訴審（東京高裁）は、経済産業省が当該職員からの希望を聴き取り、顧問弁護士や主治医の意見も勘案した上で、よ

り職員の希望に沿うよう配慮した結果として上記措置を講じた経緯等を考慮し、違法性は認められないとして一審の判断を覆しました。

　上告審（最高裁判所）は、東京高裁の上記判決をさらに覆し、第一審と同じく、トイレの利用制限は違法であると結論しました。

　一審とその後で判断が二転しているように、この種の問題は非常に難しい判断が求められます。

　会社には、特定の従業員だけでなく、すべての従業員に対して、安全で安心して働ける職場環境を提供する責務があるからです。したがって、会社は、ある従業員に特別措置を認めようとするときは、それが他の従業員にとって権利侵害を生じることがないか、見極めなければなりません。上記の裁判例では、女性トイレの利用を認めることが、他の女性（職員に限らず来庁者も）に対する権利侵害にならないかが検討されました。

　このような衝突を避けるために、あらかじめ他の従業員の理解を求めることも考えられます。しかし、それには当該従業員に職場でのカミングアウトをしてもらう必要があります。もちろん、会社や他の従業員から当該従業員にカミングアウトを強いることはできませんし、仮にカミングアウトに同意してもらう場合でも、どのような方法や内容でカミングアウトするかを当該従業員と綿密に相談して慎重に決めなければ、やはり権利侵害の問題が生じるでしょう。

❷ タクシー乗務員乗務禁止事件

　事案の概要は、戸籍上は男性、性自認は女性であるタクシー会社の乗務員が化粧をして勤務していたところ、会社から、乗客の苦情があり、その苦情の内容が真実であるか否かは関係なく、苦情を受けること自体が問題である等として、乗務を禁止されたというものです。

　裁判所は、「社会の現状として、眉を描き、口紅を塗るなどといった化粧を施すのは、大多数が女性であるのに対し、こうした化粧を施す男性は少数

にとどまっているものと考えられ、その背景には、化粧は、主に女性が行う行為であるとの観念が存在しているということができる。そのため、一般論として、サービス業において、客に不快感を与えないとの観点から、男性のみに対し、業務中に化粧を禁止すること自体、直ちに必要性や合理性が否定されるものとはいえない」としつつ、「(当該タクシー乗務員のように性同一性障害を抱える者)にとっては、(中略)外見を可能な限り性自認上の性別である女性に近づけ、女性として社会生活を送ることは、自然かつ当然の欲求であるというべきである」と述べました。

　また、「外見を性自認上の性別に一致させようとすることは、その結果として、(中略)一部の者をして、当該外見に対する違和感や嫌悪感を覚えさせる可能性を否定することはできないものの、そうであるからといって、上記のとおり、自然かつ当然の欲求であることが否定されるものではなく、個性や価値観を過度に押し通そうとするものであると評価すべきものではない。そうすると、性同一性障害者である債権者に対しても、女性乗務員と同等に化粧を施すことを認める必要性があるといえる」「加えて、(中略)今日の社会において、乗客の多くが、性同一性障害を抱える者に対して不寛容であるとは限らず、(タクシー会社)が性の多様性を尊重しようとする姿勢を取った場合に、その結果として、乗客から苦情が多く寄せられ、乗客が減少し、経済的損失などの不利益を被るとも限らない」として、乗務禁止措置を違法と判断しました。

　この裁判例で問題になったような禁止措置は過剰であるものの、一般論としては、会社にとって顧客の評判は最も重視すべき要素の1つですので、これを天秤にかけると、もう一方の従業員の権利は蔑ろにされる方向に傾きやすいと思われます。この裁判例は、そのような向きに警鐘を鳴らすものとして重要であると考えます。

(3) 裁判例を踏まえて

　ジェンダー問題は、特に明確な「答え」を出しにくい問題であり、人や地域、時代によって多様な答えがあり得ると思われます。

　そうであるからこそ、会社としては、日頃から社内規程の整備や社内研修の実施等によって会社としての考え方を明確化して周知した上、いざ個別の問題が生じたときには、当該社内規程等に則って、当該従業員と丁寧に聴き取りと意見交換の場を持ち、粘り強く他の社員や顧客・取引先等との利害調整を図る必要があります。

　上記の裁判例にも表れているように、裁判実務では、会社が出した答えそのものもさることながら、答えを出すに至った過程も重要なものとして吟味されていることは間違いありません。

● その後の経過

　炎上からほどなく、当該企業はこの動画の公開を停止し、お詫びを発表することになりました。

　男性が「顔疲れてる？」や「髪切った？」と話しかける内容もハラスメント的問題点がありますが、なにより女性を容姿から「需要」「職場の華」などと表現し、さらにこの男性の指摘に疑義を投げかけず「自分が変わらなきゃ」と受け止めた女性の描き方は、時代のジェンダーに対する感覚と大きく乖離しています。

　デジタル時代の情報発信は、ここまでの事例が示すように、さまざまな「法的」な問題を念頭に進める必要があります。しかし、法律に抵触しなければ何を発信してもいいのかというと、そうとも言えません。

　これは2015年の事例で、いま社会の女性に対する認識はいくばくか進歩し、こういった表現に対する感度も社会的に高くなってきてはいますが、そ

れでも「女性（男）らしい」といったステレオタイプな枠組みで性を位置づける表現などは、多様性や個性を尊重する現代においては、かなり注意が必要です。国際的にSDGsが重要視され企業活動もこれに則って評価される時代ゆえ、ジェンダー平等や人権の観点でも発信する情報には注意が必要でしょう。

Chapter **2**

「これは気がつかなかった！」

動画配信に潜む
リスク

【本章のポイント】

　前章では 12 のトラブル事例を通して、情報発信に伴うリスクを見て
きました。SNS など、手軽に情報発信ができるプラットフォームが増
えていますが、クリックして発信する前に注意が必要です。気づきに
くいところで他者の権利を侵害するなどの危険があり得ることをご理
解いただけたと思います。本章では、誰でも手軽に行えるようになっ
た「動画配信」に特化して、リスクをさらに深掘りしていきます。

● 映像による情報発信で留意するべき5つのポイント

文章だけでは伝わらない、話を聞くだけでは伝わらない、でも映像であれば情報がすぐに伝わる、正しく理解してもらえる。受け手としても、よりよく理解できる。そんな実感を持つ人は少なくないでしょう。

テレビという映像メディアが昭和の時代から大きく発展・普及してきたのも、本質的には映像が情報伝達手段として非常に強力であり、情報量が多く受け手の感情が動かされやすいからです。

しかし、映像で情報を伝えようとするときには、文章とは違った留意すべき点があります。その一端については前章でもご紹介しましたが、本章でさらに詳しく見ていきましょう。

1. 事実に基づいた映像になっているか

文字と同様、映像も「事実」に基づいたものであることが大切です。たとえば、夏の陽ざしを表現するのに「冬の太陽」の映像を使う、夫婦のイメージを表現するのに「赤の他人（社員）の男女」を使う……この程度であれば、映像を見た人にはわからないだろう、と考えるかもしれません。

しかし、実際に商品・サービスのユーザーではない、あるいは商品・サービスに好意を持っていないユーザーに依頼して「これは素晴らしい！」と語ってもらうことは、事実を曲げることになります。この手の事例は枚挙に暇がありませんが、「これぐらい事実から離れていても見ている人をだましたことにはならず、許容範囲だろう」という考え方自体が、非常に危ういものだと覚えておく必要があります。

図表1　映像による情報発信　5つの留意点

1. **真実に基づいた映像になっているか**

    実際に商品・サービスのユーザーではない人に依頼して「これは素晴らしい！」と語ってもらう。

2. **社会規範に沿った内容になっているか**

    自社が扱う健康器具のメリットについて「血行が良くなり成人病予防になる」などと直接的に医療機器であるかのように効能を説明する。

3. **音楽や字幕、ナレーションで事実の印象が変わらないか**

    期間限定割引キャンペーン実施中に「ヒット感謝！　○割引！」と、期間を表示せず値引き率だけを強く印象づけるように字幕やナレーションを入れる。

4. **加工などで事実が歪められていないか**

    美白が特徴の化粧品の試用でモデルの肌をより白く見せたりするために、クリーム色に見える箇所を少し白く加工する。

5. **アンフェアに受け手を誘導しようと試みていないか**

    「全国で当社だけ」（確証や根拠がない）、「今だけ特別割引中」（今後も同種割引を行うかもしれない）、「大好評につき残り10セット」（在庫数の誇張）など。

2.　社会規範に沿った内容になっているか

　自社の商品・サービスに言及する動画の場合、総合的に見て関係法令や告示、各業界の規定やガイドラインに沿うものである必要があります。どの法令が関係するのかは、自社が扱う商材等によって異なりますが、この点を押さえることはとても大切です。

　動いている車の中で撮影を行うときは法規定どおりシートベルトをする、

というような例はわかりやすいと思いますが、たとえば自社が扱う健康器具のメリットについて「血行が良くなり成人病予防になる」などと直接的に医療機器であるかのように効能を説明する、もしくは直接でなくてもそう受け取られるようなナレーションや字幕表示をしてしまうと「薬機法（医薬品、医療機器等の品質、有効性及び安全性の確保等に関する法律）」に抵触することになりかねません。

あるいは、自社の商品・サービスの優位性・有効性を訴えたいあまり、他社とフェアでない比較を行ったり、他社を誹謗中傷したりすれば、広告倫理から外れるだけでなく、「景品表示法」に抵触したり、刑法の「威力業務妨害罪」などに問われたりすることもあり得ます。

3. 音楽や字幕、ナレーションで事実の印象が変わらないか

動画コンテンツを作るにあたって、語りやナレーションといった音声情報は欠かせません。視覚だけでなく、言語や音楽と合わせて聴覚にも訴えかけることで感情や印象にアプローチし、情報をより効果的に伝えることができます。また追加の情報として、映像と同時に提供する字幕（文字）も、見ている人に強い印象を与えることができる手段の1つです。

動画で自社の商品・サービスを紹介するときに、たとえば「期間限定割引キャンペーン実施中」であれば、字幕で入れようと思うでしょう。そこで「ヒット感謝！ ○割引！」と値引き率だけを強く印象づけるように色をつけた字幕を入れたりナレーションを入れたりすると、期間が限られていることなどの説明が不十分でその値引きがいつも行われているような印象を与えてしまいます。そこにオーバーな効果音（ドドドン！）が重なると、見ている人に誤解・誤認を与えてしまい、結果的にクレームが寄せられることも考えられますし、ケースによっては景品表示法に抵触する可能性も出てきてしまいます。

4．加工などで事実が歪められていないか

　映像加工技術やAIの発達により、ディープフェイクと呼ばれる「ニセの動画」が簡単に作れる時代になりました。映像の加工は手軽で便利な一方、事実を歪めることが簡単にできるという側面があり、使い方を間違えると動画そのものが「ねつ造」「うそ」となってしまうことにも留意する必要があります。

　たとえば、洗剤を紹介する動画で洗い終わったタオルの白さを強調したり、美白が特徴の化粧品の試用でモデルの肌をより白く見せたりするために、クリーム色に見える箇所を少し白く加工することは「事実を歪める」ことになります。また、そこまででなくても、夏空の下で撮影した動画で、天気の良さを強調するために空の青さを編集加工で青さを足して強調することも「事実を歪めている」ことに変わりはないと考えることが大切です。

5．アンフェアに受け手を誘導しようと試みていないか

　BtoCのビジネスを展開する企業であれば、動画を見た人を「購買行動に結びつける」ことを目的とするでしょう。そのために、動画の中でオーバーな表現、たとえば「全国で当社だけ」（確証や根拠がない）、「今だけ特別割引中」（今後も同種割引を行うかもしれない）、「大好評につき残り10セット」（在庫数の誇張）など、消費行動をアンフェアに急がせる手法は、たとえ関係法令から見てグレーであっても、広告倫理として行うべきではありません。

　後述しますが、「○○ナンバー1」、「お客様満足度○○％」といった最大級表現が近年あちこちの広告で目につきます。しかし、広告倫理や企業信頼性の観点から、その根拠や調査手法に合理性が欠けていたり社会的倫理的に正当でない表現は行うべきではありません。消費者庁も、最近こういった不

適切な最大級表現に対して行政処分（措置命令）を行っていますので、その点にも留意すべきです。

　ここに挙げた5つの留意点は、映像による情報発信を行う上でのポイントを大まかにジャンル分けしたものです。本章では、これらをさらに具体的に掘り下げていきますが、前提として強く認識しておくべきなのは、「**フェアで事実に基づいた情報を発信する**」という企業姿勢にも通じる信念です。
　長く映像を扱っているテレビというメディアは、放送法や法に規定された番組基準といったルール、社会的な倫理観を守ることで、媒体としての信頼・信用を長く維持してきました。そして今、誰もが映像情報を発信できる時代になり、企業が発信する「動画」が受け手の信頼を獲得し、しっかりと有益な情報を伝える手段であり続けるために、こういった倫理観の維持やルールの遵守が求められているのです。それはすなわち「情報を発信する側」の責任でもあるのです。

● まずは配信するメディア・サービスのルール確認を

　制作した動画をインターネットを介して広く多くの人に見てもらうには、自社ホームページ、YouTube、SNSなどの「メディア（媒体）」に公開する形になるのが一般的ですが、どのメディアを利用するにしろ、基本的には規約という「ルール」を了解した上でそのサービスを利用することになります。
　SNSにはそれぞれのサービスの、YouTubeなどの動画サイトにはそのサイトの、レンタルサーバ（自社サーバを保有利用していない場合）＝言わば「家主の軒先」を借りて自社ホームページを利用している場合にはそのサーバ会社の、それぞれ「利用規約」を守る必要があります。
　「そんなものあったっけ？」「何か細かい文字でいろいろ書いてあるけど読

んだことはない」という方も多いと思いますが、少なくともホームページ制作やSNSを担当する方は、この「規約」に目を通し、最低限のポイントを押さえておくことは危機管理の面からも大切です。

　まず気をつけるポイントは、レンタルサーバやSNSなどのインターネットサービスを利用する際の基本的な規定です。何をやってはいけないのか、投稿やアップロードした内容は誰のもので、誰の責任で、どこまで利用できるのかなどの決まりが定められています。個人利用ではさほど意識しない場合が多いと思いますが、企業が利用する際には一通り認識しておくべき内容です。

　Twitterであれば、サービス利用規約に「ユーザーは、本サービス上にまたは本サービスを介して、自ら送信、ポスト、または表示するあらゆるコンテンツに対する権利を留保」「本サービスを介してポストされたまたは本サービスを通じて取得したコンテンツやマテリアルの使用またはこれらへの依拠は、ユーザーの自己責任」とありますので、投稿に関する著作権などの権利、内容に関する責任はユーザーにあることになります。

　また、「ユーザーは、本サービス上にまたは本サービスを介してコンテンツを送信、ポストまたは表示することによって、当社が（中略）コンテンツを使用、コピー、複製、処理、改変、修正、公表、送信、表示および配信するための、世界的かつ非独占的ライセンスを当社に対し無償で許諾することになります」との規定があります。これは、いわゆるリツイート（リポスト）や他のユーザーがまったく別の媒体でTwitter社のサービス自体を引用する形で共有・転載することなどを、投稿の権利を持っているユーザーは自動的にOKしている、というルールになります。

　Instagramのルールも「利用規約」「コミュニティガイドライン」という形で公開されています。ここには「写真や動画は、自分で撮ったか、共有する権利を得ているもののみをシェアしてください。Instagramに投稿されたコンテンツは、投稿者の所有物です。（中略）インターネットからコピーま

図表2　Twitter サービス利用規約、YouTube 利用規約

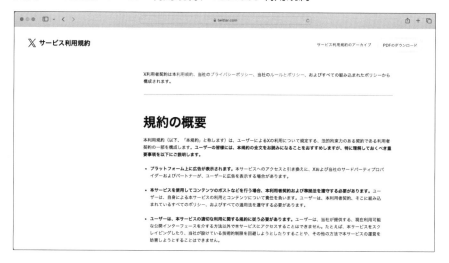

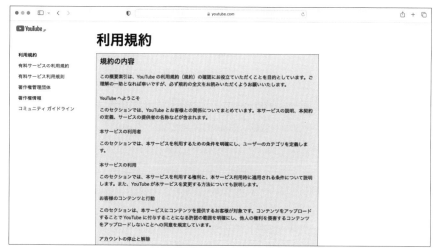

（出所）https://twitter.com/ja/tos、https://www.youtube.com/static?template=terms&hl=ja
　　　&gl=JP

たは入手した、あなた自身が投稿する権利のないものは投稿しないでください」と明記されていますので、「投稿者のもの」であり「自分で撮った写真、もしくはきっちり使用許諾を取った写真等」以外は投稿してはいけない、ということになります。

　動画共有のサービス・プラットフォームである YouTube も、利用規約やコミュニティガイドライン、ポリシーが規定されています。「虚偽」「下品な表現」は NG であることなどが明示されていますが、ここで明確に禁止されているのが「ユーザーの意向を無視した宣伝または営利目的のコンテンツを配信したり、一方的な勧誘や大量の勧誘を行ったりする」行為、「ユーザーに金銭を支払ったりインセンティブを与えたりして、動画の視聴回数、高評価数、低評価数を増やす、チャンネル登録者を増やす」行為です。YouTube は一定のチャンネル登録者数、再生回数を超えることでマネタイズ化が可能となりますので、このためになんらかのメリットを与えその対価としてチャンネル登録や高評価、再生誘導などを行うことは「ルール違反」ということになっているのです。

● ネット上に蔓延するコンテンツの権利侵害

　このような規定・規約があるにもかかわらず、ネット・SNS の世界には「ルールを外れた」コンテンツが跋扈しています。SNS だけを見ても、投稿者が権利を有していないことが明らかなアニメ、スポーツ、バラエティなどテレビ番組の動画、あるいは個人情報を不正に得る目的と思われる有名人や企業の公式アカウントそっくりの「なりすまし」、刺激的な性的表現の動画・写真投稿などなど、実に簡単に見つけることができます。

　私がテレビ局に勤務していた頃、担当業務に絡んで 2010 年代後半から何度か、本腰を入れて「許諾を出していない」局のコンテンツ（番組やキャラ

クターなど）がネット上にどの程度の数があるか、つまり「違法アップロード」がどのぐらいあるのか、という状況を調べたことがありましたが、その数の多さ、増加傾向に愕然としました。

　具体例を挙げると、アニメキャラクターの「顔」がSNSアカウントのプロフィールに使われていたり、Facebookに番組のワンシーンを撮影した画像がアップされていたり、ひどいものになると有名"探偵"アニメやバラエティ番組がYouTubeやInstagramにそのまま動画としてアップされていたり、著名人が発信したYouTube動画を勝手に編集して「切り抜き」などと称して投稿したり、数を数えることさえ不可能な「野放し」状態。技術的な進化とともに、その存在もわかりにくくなったり、「違法コンテンツ」作製が手軽にスマホ上ですら簡単にできるようになったり、昨今はこの問題がさらに大きくなっていると感じます。

　「違法アップロード」で収益化しているケースなど、悪質な事案に対しては、テレビ局などメディア側も毅然と各プラットフォームやサービスに対して著作権侵害による削除を申し入れたりするのですが、実際の作業では、メディア側が正当な権利者であることの確認や、どのような権利を侵害しているかのやりとりに、かなりの時間と手間がかかります。

　すべてにこのような対応を行うことや裁判を起こすことは非現実的と考えられがちですが、過去にはテレビの違法アップロードをめぐり著作権法違反の疑いで書類送検されたり、複数の映画作品を短く編集したいわゆる「ファスト映画」を無断でYouTubeにアップロードして不当に収益を得たとして逮捕、裁判所に5億円の賠償を命じられたりした事例もありますので、コンテンツの権利侵害はとてもリスクの高い、犯罪性の高い行為と言えます。

　ただ、権利者側がこのように毅然とした対応に至るのはほんの一部、ほとんどそのまま放置されているのが現状で、非常に根が深い問題です。「違法」発信者側だけでなく、まずい行為だとの意識もなく一般ユーザーの方が日常的に権利侵害を行ってしまうケースなども多く、社会として「権利」に対す

る意識がどんどんマヒしていまい、媒体やコンテンツの価値が徐々に毀損されていくのではないか、という恐れは消えません。

　こういった「ルール違反」が一気に改善されることは難しいかもしれませんが、少なくとも企業のSNSやネットコンテンツ担当者は、違法なアップロードや権利侵害がはびこるネットの現状を、「これが普通」「ホントはダメだけどやってもいい」などと勘違いすることなく、規約遵守・法令遵守という倫理観を持ちしっかり守っていくことが大切ではないかと思います。

● 動画内製時・撮影前のチェックポイント

　スマホで手軽に撮影するにしても、ビデオカメラや三脚を用意してしっかり撮影するにしても、動画コンテンツを自社で制作するときに心得ておかなければならないポイントがあります。

　以下にご紹介するのは、私が記者としてカメラマンと取材に出るときの心得として教えられた「3つの許可」です。これは、ネット全盛時代の現在においても通用する考え方ですので、この3つに沿ってポイントと例示を押さえていきたいと思います。

1. 場所の許可

　自分の家でもない限り、どこでどういうふうに撮影するにしても、その「場所」の許可が必要です。

　たとえば自社の社屋内であっても、賃貸オフィスであれば契約内容の確認、家主・オーナーの許可や届出が必要でないかを確認した方が確実です。自社が保有するビルであっても、他の業務への影響や来客の映り込みなどを想定して総務セクションへの届出が必要であるなど、社内での規程を定めている

図表3　撮影時に考えるべき「3つの許可」

---

1. 場所の許可

- 自社の社屋内であっても、賃貸オフィスであれば契約内容の確認、家主・オーナーの許可や届出が必要でないかを確認する。

- 他の業務への影響や来客の映り込みなどを想定して総務セクションへの届出など、社内での規程を定めていることがある。

- 屋外での撮影では、ほとんどの場合「管理者」「所有者」「責任者」がいて、それぞれに許可を得る必要がある。

  [参考]　第1章　事例6：商業施設において、会社のプロモーションビデオを撮影しようとしたら、警備員に阻止された。

2. 人の許可

- 屋外のロケで、背景に通行人など他の人物が映り込むような場所で撮影する際は、個人が特定できない画角、サイズで撮影するか、事後の編集でボカシ加工をする。

- タレントなど人物をしっかりフィーチャーする形で動画に登場させるときには、単に「撮影・出演OK」を取り付けるだけではなく、テーマや内容・構成などを説明する。

- 自社の従業員が自ら出演する場合であっても、書面などでしっかりした同意を取っておく。

  [参考]　第1章　事例1：採用PRのために、ホームページやSNSに新人社員が出演。しかし、間もなく退職すると、出演箇所の削除を要求してきた。

3. 素材の許可

- 新聞や書籍、別の動画・写真、論文・データなどの素材を動画の中で扱うときには、ほとんどの場合権利者の許可が必要。

- 写真や動画を引用する際には、その写真・動画そのものの権利者のほかに、写っている人物や撮影したカメラマンにも権利が発生していることに留意する。

- 「音楽」について歌詞の引用、「弾いてみた」「歌ってみた」「替え歌つくってみた」などの実演を行うときには、許諾を取る必要があるのかを確認する。

  [参考]　第1章　事例11：ヒット曲の「替え歌」を会社の公式ホームページで公開し、イメージアップを図った。

ことがあります。毎日のようにカメラ取材を行うテレビ局でも、社内撮影の際は時間の長短・機材の種類（カメラ、スマホ等）を問わず、事前に届け出る決まりになっています。

　天気のいい日にライブ感を出すため、屋外での撮影をしようと考える場合もあるでしょう。でも、その撮影を行う場所には、ほとんどの場合「管理者」「所有者」「責任者」がおり、それぞれに許可を得る必要があります。公園や公共施設でしたら行政が管理していることが多いでしょうし、Chapter1の事例6で示したように商業施設や店舗内だとそれぞれの管理者・責任者に無断で撮影はできません。観光客が多く訪れるお城などの建造物は、公道上から遠目に見えている程度であれば特段の許可は不要なことが多いですが、敷地内に入れば許可取りはマストです。

　また、公道上であってもカメラ用三脚や大型（集音）マイクを使う際には、あらかじめ道路の使用許可を取り、トラブルを回避することを心がけるべきです。

　なかなか撮影場所が見つからない場合、あるいは許可取りが難しい場合は、このところ増えてきたハウススタジオやアウトドアスタジオを利用するのもいいでしょう。

2．人の許可

　次に考えるべきは動画コンテンツに出演する・映り込む「人」の許可です。自社の従業員が自ら出演するだけ……という場合であっても、Chapter 1の事例1にあるように書面などでしっかりした同意を取っておくことが大切です。

　屋外のロケで通行人にインタビューなどを行うときは、基本的に許可を取ってから撮影することになると思いますが、インタビューするわけでもなく背景に通行人など他の人物が多く通る、映り込むような場所で撮影する際

は、個人が特定できない画角、顔がはっきり判別できないサイズで撮影するか、もしくは事後の編集でボカシ加工をすることを検討すべきです。

　自社の宣伝などで契約しているタレント、自社製品の一般ユーザーなど、人物をしっかりフィーチャーする形で動画に登場させるときには、所属事務所や当人の許可はもちろん、動画の配信期間、マネタイズにつながる場合はその配分の有無や手法などについて合意しておくことが、のちのトラブルを防ぐことにつながります。

　許可を取る際には、単に「撮影・出演 OK」を取り付けるだけではなく、動画コンテンツがどのようなテーマなのか、どんな内容・構成になるのか、出演の場面はどういう流れで出てくるかを説明することも肝要です。たとえ撮影の許可だけを取っていたとしても、後になって「そんな使われ方をするなんて聞いていない！」「そんな趣旨の動画だと思っていなかった！」などというトラブルになることはあり得ます。そうならないように、動画コンテンツの趣旨説明に基づく同意を書面か映像で残しておくことを心がけるべきです。

　テレビの世界でも、近年はニュース取材やバラエティ番組取材などにかかわらず、一般の方を取材する際には、許可はもとより、取材した内容は「いつ」「どの番組で」「どのような形で」放送されるのか、放送後にインターネット配信はあるのか、あるいは取材した内容が「放送されるかどうかまだわからない」のか、などを伝えることが浸透してきています。こういった丁寧な作業を欠くことも、局や番組への批判、トラブルや炎上の元になるのです。

　YouTube などの動画、企業が発信する動画でも、同様の配慮が必要です。

3．素材の許可

　「素材」とは、動画の中で使用するアイテムのことです。自社商品紹介の

動画であれば、その商品を手持ちで紹介するでしょうし、参考資料として新聞や書籍、別の動画・写真、論文・データなどの資料を引用するかもしれません。こういった素材を動画の中で扱うときには、ほとんどの場合権利者の許可が必要です。

　自社の商品の許可は社内で確認するなど簡単な作業だと思われますし、よほどの営利目的でなく扱いがネガティブでなければ、書影（書籍の表紙）などは「無料でどうぞ」と理解を示す権利者（出版社など）も少なくないと思いますが、新聞記事の見出しだけでなく本文を読み上げたり判読可能な画像を使用したり、権利者の持つ内容にしっかり踏み込んで扱う場合は、たとえそれが自社について扱われた掲載記事であったとしても、許可を得るべきだと思います。

　また写真や動画を引用する際には、その写真・動画そのものの権利者の他に、写っている人物や撮影したカメラマンにも権利が発生していることに留意する必要があります。報道番組で、書籍に掲載されていたある人物写真を使用するために許可を取ろうとしたところ、出版社から「この書籍の権利は弊社にあるので許諾はお出しできるが、写真については被写体（写真の人物）や撮影者（カメラマン）と連絡が取れていないので後になって権利関係のトラブルになる可能性が否定できない」と言われ、使用を諦めた、などという事例もあります。

　また、動画コンテンツで特に注意が必要なのが「音楽」です。Chapter 1 の事例 11 で取り上げましたが、音楽そのものだけでなく、歌詞の引用、「弾いてみた」「歌ってみた」「替え歌作ってみた」などの実演を行うときには、そこに権利があることを念頭に、使用方法や動画を流すインターネットサービス（プラットフォーム）に応じて、許可取りなく使用できるのか、あるいは許諾を取る必要があるのかを確認する必要があります。

　ここまでの許可についての解説に対して、「堅苦しいなぁ」「面倒だな」と

感じられた方もおられると思います。でも、これらすべてを必ず行わなければならないわけではなく、あくまで制作しようとする動画コンテンツに関わる部分だけでも留意することが大切です。

いずれにせよ企業の情報発信においては、さまざまな権利が外部にあることを念頭に置き、この「3つの許可」のポイントを押さえて、1つひとつ丁寧に作業していくことが大切です。

● 動画の「構成」を考えるときに留意すること

動画の制作にあたって、一番大切なのはその「内容」です。どんな内容にするかを具体的に挙げ、その順番や必要な映像・原稿を考え、整理し、どうやって伝えるかをまとめる作業＝**構成**は、まさに媒体を通して情報を伝える際の本質的で最も重要な作業です。

テレビの世界では「構成作家」と呼ばれる方々が多くこの作業に携わっています。このことからも、映像コンテンツにおいては構成がその内容の質を決定づける一番大事にされているプロセスであることがおわかりいただけると思います。

ユーチューバーの中にはアドリブ・行き当たりばったりでつらつらと語りながら、上手く物事を伝えている人もいますが、多くの人はそういった才能があるわけではありません。語り手がとてつもなく喋り上手だとか、構成にプロが携わっているとかでない限り、多くの場合は、まず伝えたいテーマを付箋や原稿に書き出して、どういう順番にするか、どんな映像が必要か、音楽や字幕などをどう加えるか、どんな表現をすれば最も見ている人に伝わるかを丁寧に考える作業を行うことになります。

その構成を考えるときに、情報発信リスクに抵触しやすい2つの注意点を以下に挙げてみましょう。

普段、友人や家族と何気ない話をしていても、つい「少し盛って」しまったり、「ちょっとオーバーに」伝えたりすることはないでしょうか。プライベートな会話ならともかく、公に発信する情報は、まずもって「事実関係に忠実」であることがマストです。

もちろん「まったくのウソなんて作るわけがない」という方が大多数だと思いますが、まるっきり虚偽ではないにしても、たとえば機能を比較する際に著しく性能の劣る他品と比較したり、自社のセールスポイントを訴えるときに根拠がないのに「○○はわが社だけ！」と言い切ったり、試食であらかじめ第三者に頼み込んで「美味しい！」と言わせたり、セール期間を決めていないのに「○割引は今だけ！」と購買意欲をあおったり、このような「ちょい盛り」は枚挙に暇がありません。

企業の立場から「これくらいいいだろう」と思っても、情報の受け手・消費者が同じように感じてくれるとは限りません。「なんだかズルいな」「いい加減だな」と思われてしまうと、伝えたいことが伝わらないどころか、ネガティブな印象を強めたり、信頼を傷つけたりすることになってしまいます。

また編集作業の段階で、その手法いかんでは事実関係が変わってしまうことがあることも気をつける必要があります。

たとえば、料理の試食の感想で「この○○、人によって好みかそうでないか大きく変わると思いますが、私はとても素晴らしいと感じます。とても美味しいと思います」というコメントがあったとします。これを編集で「この○○／私はとても素晴らしいと感じます。とても美味しいと思います」と短くしてしまうと発言の趣旨が変わってしまいます。元のコメントは「人によって好みかどうか分かれる」ことが主軸になっているのですが、この部分を抜いてしまうと単に絶賛する意味で伝わってしまいます。これは文章でもまったく同じで、「インタビュー（第三者のコメント）を短く編集するとき

は、大きく意味が変わらないように気をつけなさい」というのは、記者、ディレクターであれば誰でも駆け出しのときに叩き込まれる鉄則です。

編集の際にはPCなどの機材で映像の色を変えたりボカシを入れたり、簡単に加工することができますが、これについても事実を歪める、加工によって事実と大きく乖離させるような手法は行うべきではありません。

撮影時に照明が暗かったため、映像全体を明るくする加工などは許容範囲と考えられますが、たとえば洗濯用洗剤を使用した後の衣類の白さを表現するために対象物を白く加工する、生鮮食品を新鮮に見せるために素材に近い明るい色を加えるなどの効果は、程度を超えると事実を歪めることになり、倫理的に不適切です。やむを得ず行うのであれば事実を誇張・逸脱しない範囲、見ている人に誤認させない範囲を慎重に検討する必要があります。

2. 関係法令や指針を守れているか

Chapter 1や本章の冒頭でも触れているとおり、関係法令や指針の遵守は重要な留意点です。「どの法律に気をつければいいの？」という素朴な疑問が出てくると思いますが、こればかりは企業が扱っている商品・サービスの種類、告知しようとする内容によってさまざまなので、そこはしっかり押さえておく必要があります。本書で先に述べた「権利」に関するポイント、撮影時に法令・ルールを守るポイントだけでなく、企業が発信する情報の内容や告知・周知の方法が行き過ぎてしまうと、関係法令や指針に抵触し罰則や行政処分の対象になる可能性もあります。ですから、自分の会社にはどんな法律が関係してくるのか、外部の弁護士に相談するなどして一度きっちり押さえておくのも1つの方法です。

ほとんどの企業が対象になるであろう「景品表示法」、薬や化粧品、健康器具などにとどまらない「薬機法」、ECや訪問販売などを行うなら「特定商取引法」「消費者契約法」あたりが代表的な意識すべき法令と言えますが、

それら以外にも関係してくる法律もありますし、各法律に基づいた指針や業界団体の規約などが定められている場合もあるので、広い視点でしっかり把握することが肝要です。

　典型的でわかりやすい例では、前に述べたように、無許可で「好きなアニメキャラクター」「誰が撮影したか不明な写真」「自社商品ユーザーがネットに投稿していた写真」を使うのは、法的なトラブルに発展する可能性があります。正規の許諾を得ない限り、使用することはできません。

　ありがちな例として、自社商品・サービスの販促目的で「お買い上げの方に今だけ○○プレゼント！」というようなキャンペーンをやってみようと考える企業も少なくないでしょう。

　このような「お得感」の喚起は営業戦略的によく取られる手法ですが、「購入者にもれなく」プレゼントする景品（総付景品）については「価格」の２割を上限とする法の規定があります。つまり5000円の商品をお買い上げの方に「もれなく」プレゼントするのであれば1000円を超える景品はダメだ、ということになります。

　2023年４月にJALグループの子会社ジャルパックが、宿泊商品の料金の２割を超える“マイル”を付与する商品（３万円の宿泊商品購入で１万マイル付与等）の販売を「景品表示法違反の恐れがある」として中止したのも、この法規定を踏まえた判断と思われます。つまり「『もれなくプレゼント』は上限があり、お得すぎるプレゼント・景品は法的にアウト！」ということを覚えておく必要があります。

　ややピンポイントですが、健康関連の商品・サービスの留意点です。

　「薬機法」と聞くと、「薬や医療機器だけが対象でしょ？」と思われがちです。確かに法規制の対象は限られていますが、だからといって健康食品のPRで「わが社の△△を食べると、それまでつらかった身体の○○の症状が

改善した！ という声をいただいています……」などと言ってしまうとアウト。食品であっても「薬機法のエリアに入りこんでしまった」ことになり、「医薬品でしか使えない効果効能を言ってしまった」ことに対して法違反という適用を受けてしまいます。つまり、食品や健康グッズなど身体・健康に関係する商品やサービスは、「薬機法」はまったく無関係ではないのです。

　いまネットの世界、SNS広告やインフルエンサー投稿では、この「薬機法」に抵触していると思われる表現をあちこちで目にするようになりました。「2か月で○キロやせた」ドリンク、「半年で○センチ背が伸びた」サプリメント、「ウエストが□センチ細くなった」健康食品……などなど、商品を購入する一般消費者の目を惹くための「アンフェア」「イリーガル」な情報が跋扈しています。

　こういった発信をしてしまう側も、故意というより知識が十分でないまま倫理観がマヒしているのが昨今の実情だとは思いますが、企業が情報を発信する以上、こういった安易でクロに近い表現を使うのはあまりにリスクが高すぎます。

● 使いたくなる「○○No. 1」の落とし穴

　最近、企業のホームページ、商品やサービスの広告宣伝、テレビコマーシャルや動画広告など媒体や手法を問わず、「○○業界売上No. 1」「お客様満足度○○％」といったフレーズをよく目にします。消費者の立場から言えば「この商品（サービス）は多くの人に支持されているから、きっといいものに違いない」「いろいろある中から選ぶならNo. 1のものにしよう」といった購買行動の動機づけになるキーワードですし、企業の側からすると「なんとかわが社もNo. 1を見つけて広告でアピールしたい」と思うのは自然なことかもしれません。しかし、そこには良かれと思ってうたった「No. 1」が

図表4　テレビにおける広告の表現

- ・広告は、放送時間を考慮して、不快な感じを与えないように注意する。
- ・広告は、わかりやすい適正な言葉と文字を用いるようにする。
- ・視聴者に錯誤を起こさせるような表現をしてはならない。
- ・視聴者に不快な感情を与える表現は避ける。
- ・原則として、最大級またはこれに類する表現をしてはならない。
- ・ニュースで報道された事実を否定してはならない。
- ・ニュースと混同されやすい表現をしてはならない。特に報道番組でのコマーシャルは、番組内容と混同されないようにする。
- ・統計・学術用語・文献などを引用して、実際以上に科学的と思わせるおそれのある表現をしてはならない。

（出所）日本民間放送連盟 放送基準 15 章

自社のリスクになるかもしれない……という “落とし穴” があります。

　テレビの世界では「No. 1」「満足度〇〇％」といった表現を「**最大級表現**」と呼び、放送法に基づいたルールである放送基準で「原則として、最大級またはこれに類する表現をしてはならない」と規定しています。

　つまり、こういった表現はテレビでも原則 NG とされているのですが、それでも「満足度95％！」「売り上げ No. 1」といったコマーシャルが流れているのは、放送局がその調査や数字の根拠について客観的に見て正確・適正かつ合理性があると認めたケースであれば例外的に放送できる、という判断があるからです。

　ところが、テレビのような考査チェック機能がない媒体・メディアだと、十分な調査結果の根拠が検証されないまま審査を通過してしまうことがあり、結果的に「非公正な No. 1」が消費者の目にとまるところで跋扈してしまっているのです。

　では、具体的にどういった「No. 1」が非公正なのでしょうか。

　最も代表的な手法は、「実際の商品・サービスの利用者に対して行ったものではない」調査です。たとえば「〇〇（顧客満足度）No. 1」という大き

な文字の横に、ぎりぎり読めるような小さな文字で「※サイトの比較イメージ調査」「※全国の○○歳代男女を対象にしたインターネット調査」などと入っていることが多く、前者であれば「WEBホームページを見ただけで回答できる調査」、後者なら「誰でも回答できるアンケート調査」……つまりその商品・サービスを利用して答えた調査ではないのに、あたかも「実際に商品・サービスを利用した人がそう答えた」と消費者に誤認させる手法、と言えます。

広告主側からすれば「きちんとイメージ調査と明記している、調査結果は事実だ」という理屈なのですが、そもそもイメージ調査であるという文字が認識できないほど小さいとか、顧客でも利用者でもない人をイメージ調査の対象にして「顧客満足度」「20代女性が選ぶ」などと平気でうたうやり方は、厳しい言い方をすれば「ほとんどウソ」。広告倫理を無視しかつ広告や媒体の価値を傷つける行為であると思います。

私が実際に見たことがあるひどい事例の1つに、「堂々○冠達成！」とうたう医薬部外品のWEB広告がありました。いくつもの「○○ No. 1」が大きな文字で羅列されているのですが、元々これがイメージ調査である上、「効果を実感」「満足」「コスパがいい」などとあたかもユーザーの使用感と見える表現で大きく記されながら、その下に小さな文字で「〜できそうな」「〜と思う」などと記載されていたのです。実際にはユーザーではない人にWEBサイトの印象を聞いているだけなのに、パッと見「いっぱい No. 1があり実際の利用者に支持された素晴らしい商品」と印象づけを狙い、「堂々の○○冠達成」とまで言い切ってしまう厚顔さや倫理観のなさは、もはや広告そのものの存在意義を否定し消費者をバカにする行為であり、怒りを通り越してあきれてしまいます。

この他にも以下のように、NGと言い切れないものの、フェアとは言い難い調査手法を用いた「No. 1」が数多く存在しています。

＊調査のサンプル数（ n 数）が極めて少ないもの

　統計学の見地から許容できる誤差を考慮したサンプルサイズが必要であるにもかかわらず、実際の調査対象者数が極めて少ないもの

＊調査の選択肢から恣意的に競合を排除しているもの

　「どの○○が一番いいと思いますか？」などという設問に対して提示する選択肢から、競合他社の一部を排除するなど恣意的に優位な結果が出やすく操作しているもの

＊好意的な反応のユーザーのみを調査対象にしたもの

　定期購入会員や予備調査で反応の良かった商品・サービスのユーザーだけを抽出し、改めてそのユーザーだけを対象に満足度や使用感などを問い、好成績を誘導したもの

＊ No. 1 の達成が瞬間的なもの

　EC サイトの「人気」「売り上げ」など、時々刻々変化し X 時間ごとに更新されるような一定の継続性が認められない形での「No. 1」を継続的な実績のように表記しているもの

＊ 2 位との差が極めて小さいもの

　調査の結果、1 位と 2 位の差が 1 ケタポイントであるなど、差異が極めて小さい結果で No. 1 をうたうもの

＊「わからない」「該当するものがない」の回答が過半数を超えるもの

　回答において「わからない」「思いつかない」「該当するものがない」等、選択肢なしと回答した調査対象者が過半数でありながら、同調査で 1 位となった、とするもの

＊設問の異なるポジティブ回答を作為的に抽出して満足度として表示するもの

調査では満足度を 10 段階の数値評価で行っていながら、中間点よりポジティブな評価を「満足」と判断してパーセンテージ化し表記するもの

＊対象となる業界・比較商品範囲が社会的に認知されていないもの

調査の対象範囲を○○業界、○○の機能を持つ商品群等としていながら、その範囲が社会的・業界的に認知されていないほど特殊・狭小であるのに「No. 1」をうたうなど合理性を欠く設定であるもの

　これらは広告などで明示されることは少なく、消費者は細かな条件設定まで見て判断することは難しいですから、調査方法や根拠を読みやすくするなど明確に消費者が認識できる表示をしない限りは、フェアな広告とは言えないと思います。

● 自らを発信者ではなく消費者の立場に置いて考える

　こうしたアンフェアがはびこる実情の背景には、企業側の「広告で表記できる "No. 1" が欲しい」といったニーズに対して、「貴社にぴったりの No. 1 調査を行います」などと、結論ありきでトリッキーな調査手法を編み出して請け負う業者がいるという背景があります。このような「アンフェア」な No. 1 がどんどん出てきてしまうと、きちんとした調査を請け負うリサーチ会社や広告主はたまったものではありません。

　2022 年 1 月、市場調査会社などから構成される一般社団法人日本マーケティング・リサーチ協会は、No. 1 を取得させるという結論先にありきで調査を請け負う事業者、これらをあっせんする事業者を公に批判し抗議する「非公正な『No. 1 調査』への抗議状」という見解を公表しました。ただ、そ

図表5 「非公正な『No.1調査』への抗議状」

非公正な「No.1 調査」への抗議状

令和 4 年 1 月 18 日
一般社団法人　日本マーケティング・リサーチ協会
会長　内田　俊一

　近年、商品やサービスの広告表示において「No.1」を表記しても不当景品類及び不当表示防止法に抵触しないように、その客観的な根拠資料を得る目的で市場調査会社にアンケート等を依頼する調査（いわゆる「No.1 調査」）が増えております。

　当協会のマーケティング・リサーチ綱領は、第 1 条において「リサーチプロジェクトは、適法、公明正大、誠実、客観的でなければならず、かつ、適切な科学的諸原則に基づいて実施しなければならない」と定めているため、マーケティング・リサーチ綱領を遵守する調査会社が「No.1 調査」を実施することは、商品やサービスの不当表示から一般消費者の利益を保護することに役立つものと当協会は自負しております。

　しかしながら、「No.1 調査」を請け負う事業者やこれらをあっせんする事業者の中には、「No.1 を取れる自信がないが、相談に乗ってもらえるのか」、「No.1 表記を行いたいが、どの条件であれば No.1 の獲得ができるのか相談したい」といった顧客をターゲットとして、あたかも「No.1 を取得させる」という「結論先にありき」で、調査対象者や質問票を恣意的に設定する非公正な調査の実施をうかがわせる者が散見されます。

　このような「No.1 を取得させる」という「結論先にありき」で、調査対象者や質問票を恣意的に設定する非公正な調査は、マーケティング・リサーチ綱領に違反し、「市場調査」に対する社会的信頼を損なうものであるため、当協会としては到底看過できません。

　当協会は、「No.1 を取得させる」という「結論先にありき」で「No.1 調査」を請け負う事業者やこれらをあっせんする事業者に対して、厳重に抗議し、中立的立場で公正に「No.1 調査」を行うべきことを要請します。

以上

（出所）https://www.jmra-net.or.jp/Portals/0/rule/20220118_001.pdf

れでも今日のSNSやネット界隈を見る限り「非公正・アンフェアなNo.1」が激減したようには思えず、この問題の根深さを表しているように感じます。

　ここまで述べてきた「非公正なNo.1」の事例を見て「違法ではないのか？」と思われる方もおられるでしょう。実は、消費者庁もこういった「合理的な根拠のないNo.1表示は景品表示法違反（優良誤認）である」として行政処分に乗り出し始めています。

　2022年6月にはエステサロン運営会社に対し、自社WEBサイトで「バストアップ施術満足度　第1位」「ボディ痩身施術満足度　第1位」などと表記していたものの、実際は施術利用者を対象とした調査ではなかった上、順位も1位ではなかったとして再発防止を求める**措置命令**を発出しました。

　この他、オンライン個別学習指導を運営する業者が、サービスの利用の有無を確認しないまま登録会員全員を対象にした調査で「オンライン家庭教師利用者満足度No.1」をうたった事例、WEBの印象（イメージ）を問う調査結果であるにもかかわらず「品質満足度・食べさせやすさNo.1」を標ぼうしていたペット用サプリメント販売会社の事例では、ともに**景品表示法違反（優良誤認）**で措置命令を出しています。どちらも2023年の事例です。

　このように、合理的根拠に欠く「No.1」表示に対して、行政が厳しい目を向け始めているのが現状ですので、こういった動きが、非公正なNo.1を業界から減らす方向に作用することを期待するしかありません。

　動画の話からは離れてしまいましたが、企業が情報発信する上で、きっちりとした調査結果や根拠がないのに「○○No.1」「□□は全国でわが社だけ」などと最大級の表現で優位性をうたうのは、行政処分に至るリスク、批判・炎上リスク、フェアであるべき情報発信の信頼性を犠牲にするリスクがあることを考えると、安易に行うべきではない！　と覚えておいてください。ただし、「多くのお客様から好評をいただいています」「わが社の○○は全国最大級」「当社の△△技術は全国でもトップクラス」などと直接的な最大級

ではない優位性をうたう表現については、テレビの考査現場で「合理性のある事実・根拠があるのであればOK」と判断したケースもあります。

この「No. 1」に関する表現で、使っていいのか悪いのかに迷ったとき、取るべき方策は実にシンプル。「自らを発信者ではなく消費者の立場に置いて考える」ことです。自分が消費者の立場あるいは家族の立場に立って、発信しようとしている表現を見たときに「なんだかフェアじゃない」「ちょっと勘違いしそう」などと感じたならそれはたぶんアウト。その感性こそが人としての判断の基準なのです。

企業にとって本当に大切にしなければならないのは、動画を含む情報を見

図表6　各段階で確認が必要

企画段階	**プラットフォームなどの規約確認** ・利用するSNSやインターネットサービスのルール確認 ・自社HPなどでレンタルサーバ利用の場合も要確認
構成段階	**使用する素材の権利などを確認** ・画像、音楽、効果音など知的財産権を侵害していないか ・写真などは被写体だけでなく撮影者などの権利も要確認
撮影段階	**適切な許可・許諾・撮影方法を確認** ・「人」「場所」「素材」の許可をとれているか ・現場周囲の業務や通行などを妨げていないか
編集段階	**事実を歪める加工をしていないか確認** ・コメントの中抜き、入れ替えで意味、趣旨が変わらないか ・「よりよく見せる」過度の加工は要注意

ている視聴者・消費者を誤った方向に誘導しない、誤認させないという決意、誠実さ、フェアなマインドではないでしょうか。

ここまでに説明した確認事項を図表6にまとめます。

● 意外に広い「ステマ」の罠

SNSやネットで「ステマ」といえば、とにかくネガティブな言葉として広がっています。Chapter 1の事例5でも詳しく説明しましたが、ステルス・マーケティングは一般消費者からすると「ずるい手法」であり、炎上のネタになりやすい性質があることは、もうかなりの方がご存じだと思います。

この「ステマ」が社会的に広く認識されるようになったのは2010年代はじめのことでした。当時全盛だった芸能人ブログで、数万円以上の高額商品を「ペニーオークションですごく安く落札できた！」と商品の写真などを添えて投稿した内容が、実際には落札しておらずオークション運営側から報酬を受け取って行っていたことが判明。"芸能人も利用している格安オークション"と思わせる「やらせ」の宣伝工作に加担し、投稿を行っていた複数の芸能人に対し、「ステマなんてけしからん」と猛烈な批判が起きたのです。このオークション事案は警察により事件化され、芸能人も立件されるのでは？ と報じられたこともあり、「ステマは悪」という認識が一気に広がりました。

その後、ステマをめぐる舞台はブログからSNSへ、芸能人からインフルエンサーへ、オークションから一般企業のビジネスへと広がりました。そして、2023年10月からはついに「法規制」がスタート。景品表示法に基づく「ステマ規制」に"違反"した事業者は、会社名公表の上、再発防止の措置命令が出され、これに従わないと懲役・罰金などの刑事責任を負う可能性が

あります。

　では、なぜステマは「悪」で、なぜここまで厳しい法規制がスタートするのでしょうか。背景には消費者の「情報の受け止め方」の心理を利用したアンフェアな宣伝手法である、という認識があります。

　消費者は、明らかな「広告」や対価の提供を受けた第三者の投稿を見たときに、「いいことが書かれていて当たり前」との前提で情報を受け止めます。それに対し、金銭や商品提供などのインセンティブがない純粋な投稿・口コミは「日常の風景や感想だろう」「体験を元にした本音だろう」と信頼感を持って受け止め、「この人が利用している／こう感じているなら信用できるだろう」などと感じ、商品・サービス購買を検討するときのより大きな参考材料・動機づけとなり得ます。その心理を事業者の側が逆に利用し、「広告色を出さない」形で第三者にフラットもしくはポジティブな感想を発信させる（＝ステマ）という手法が使われ始めます。

　しかし今日、SNSなどでこのような「本音のようで本音でない」インフルエンサーなど第三者の投稿があまりにも増え、それらが実は純粋な本音ではないことを消費者が見分けられず、結果的に裏切られたなどの経済的・感情的苦痛を負わされるなど、商品・サービスを選択する際の認識を大きく誤らせる要因として看過できなくなったという現状があるのです。

　そもそも「ステマ」の定義とは何なのでしょう。ネットなどで調べると「ユーザーに広告だと気づかれないように商品・サービスを宣伝すること」「やらせ、サクラと同義」などと出てきますが、これは定義というよりは概念の説明で、実際には宣伝目的でなくても“紹介”だけでも「ステマ」と指摘されるケースもありますし、ステマ行為の主体は誰なのか、「マーケティング」である以上宣伝元の企業・事業者なのか、それともその情報発信を行ったインフルエンサーなど投稿者なのか、このあたりもあいまいで広い意味で使われています。

今回、法による規制開始にあたり、消費者庁はその不当表示の対象を「事業者が自己の供給する商品又は役務の取引について行う表示であって、一般消費者が当該表示であることを判別することが困難であると認められるもの」と規定しました。簡単に言うと、①広告だけでなくインフルエンサー投稿などの事業者（広告主）の表示で、②その事業者（広告主）の表示であることが消費者にとって判別することが難しい、という2つの要件を満たすものが規制対象となる「ステマ行為」であると指定されたのです。

　ここで押さえるべきポイントは「媒体」や「表示」の種類が決められていないこと、そして「事業者の表示」の範囲がとても広いことです。

　どういうことかと言えば、SNSや動画、ネットに限らないすべての媒体、広告だけでなく第三者の投稿や紹介などすべての表示が対象であり、インフルエンサーや有名人などの第三者の投稿については、明確な依頼・お願いがなくても"表示内容"の決定に関わったと認められれば、①事業者の表示に該当することになります。そして、かつ②一般の消費者から見て事業者の表示であると簡単に判別できなければ、規定上「アウト」とされているのです。

● 不当表示を回避する方法はシンプル —— 「広告・PR・タイアップである」と明示すること

　このように、従来型のステマ的広告手法に法規制の網が広くかけられた一方で、ステマをするつもりは一切なかったのに「事業者の表示」を入れ忘れたために規定に抵触してしまう、という可能性も考えられます。

　「すべての表示」が規制対象ですので、自社のすべての広告展開のみならず、第三者に扱ってもらった動画投稿、関連企業とのタイアップ企画、記事広告風ランディングページ、社員へお願いしたSNS告知協力など、さまざまな情報発信や施策について規制に該当しないかどうか目を配り、どういう

ものが事業者の表示に当たるのか、どういう文言を入れれば事業者の表示であると一目で判別できるのか（できないのか）、試供品の配布やSNS投稿、ハッシュタグを利用したSNS懸賞キャンペーンはどうなのかなど、意外なほど範囲が広いことを念頭に、企業担当者は十分な理解と対策が必要です。なお、消費者庁が具体例や判断の考え方をまとめた「運用基準」を公表していますので、ぜひ参考にしてください。https://www.caa.go.jp/notice/entry/032672/

　ただし、確かにこの「ステマ規制」は厳しいものとなっていますが、不当表示を回避する方法は実にシンプルで、堂々と広告・PR・タイアップである、とはっきり一般消費者にわかるように表示するだけです。具体的には「これは○○社とのプロモーション（広告、タイアップ企画）です」といった文章や、「＃広告」「＃PR」をわかりやすい位置で表記するだけで、規制に引っかかるリスクはほぼゼロに近づけることができるのです（ただしInstagramでは＃＝ハッシュタグの使用は非推奨で、タイアップ投稿ラベルの使用が規約で明記されています）。

　ここまで景品表示法に基づく「ステマ規制」を中心に留意点や対策を示してきましたが、なにより大切なポイントは**「ステマ規制」さえ回避すれば何をやってもいいというわけではない**、という点です。
　将来的にどう変わるかはわかりませんが、2023年10月スタート時点のステマ規制は「消費者向け」「商品・サービスに関わるもの」が範囲であり、B to Bや商品・サービス以外に関する表示は対象ではありません。また規制対象は事業者（広告主などの企業）のみとなっており、インフルエンサーや広告会社などの中間業者・表示主体者は対象には入っていません。
　しかし、だからと言って「わが社はB to Bビジネスだから、広告表示なしの宣伝をインフルエンサーにお願いしよう」だとか「あの有名人と契約し

て『わが社は素晴らしい』と企業 PR の投稿をしてもらおう」などという施策は社会倫理に大きく反しますし、「インフルエンサーに責任はないから気にしなくてもいい」といった思考も非常に危険です。

ステマ規制に引っかからなくても、世間が言う「ステマ」にあてはまればアンフェアな手法に対して炎上・批判が巻き起こり、投稿者はじめ周囲の関係者も大きなダメージを受けることになり、最終的に信頼の失墜という大きな代償を払うことになるかもしれません。

そもそも、「広告とわからない方が広告効果は高い」というような発想自体が広告の価値を自ら否定していますし、消費者をごまかそうとする姿勢は企業が持つような考え方では決してないはずです。逆に、企業が自らフェアで誠実な姿勢を見せることこそ、最大の広告効果だと思うのですが、いかがでしょうか。

● 情報発信に不可欠な「社会の潮流を踏まえること」

ここまで、多くの角度から動画での情報発信に関して、特に注意すべき留意点を述べてきました。「これだけ気をつければ……」というところまでくれば、いざ発信準備！ という段階が見えてくると思います。その発信内容について、企業の危機管理の視点で見れば、いわゆる法律やルールの観点以外に、時代に伴って変化する社会の規範や認識＝倫理観の観点にも十分気を配るべきだと思います。

ここでは近年取り上げられることが多い多様性をテーマに考えてみましょう。多様性に対する考え方は、ここ数年で大きく社会の意識が変わってきました。2015 年に国連総会で「SDGs ―持続可能な開発のための 2030 アジェンダ」が採択され、17 の具体的なゴールは社会に広く知られるところとなりました。平和や人権、経済や自然をよりよくしていく社会が未来の地球の

ためにいかに大切かという認識が、急激に国際的規模で広がり、高まり始めています。

この動きを受けて、日本社会でも多くのスーツ姿のサラリーマンが襟元にSDGsシンボルのバッジをつける光景を見るようになりましたし、徐々に「多様性」に対する意識が高まってきたのではないかと感じます。日本の場合、多様性の課題といえば特に女性の立場、ジェンダー平等が挙げられることが多く、この点に関して偏った見方をした発言が批判・炎上することも珍しくなくなりました。

2021年、東京五輪・パラリンピック大会組織委員会の森喜朗会長（当時）が臨時評議員会で「女性がたくさん入っている理事会の会議は時間がかかります」などと発言したことが問題視され、会長職を辞任するというできごとがありました。森氏の真意は、組織委員会の女性は国際的に大きな場を踏んでいる方ばかりで、話も的を射た発言をする、ということだったようですが、引き合いとして一般的な女性理事や特定の団体の女性理事を取り上げて「時間がかかる」「競争意識が強い」などと発言したことが、まさに「時代錯誤」との批判を受けることになったのです。

また、2017年には大手酒造飲料メーカーがWEB向けに公開したPR動画で、出演していた女性のセリフや仕草が下品で性的な連想をさせる表現だ、として炎上。すぐに公開中止に追い込まれた、という事案もありました。

ネット上では「最初から炎上狙いだったのではないか」との憶測も飛び交ったようですが、多様性の尊重というような社会的な潮流をよく理解せずに、そこから外れた情報を発信してしまうと、炎上から会社全体のリスクになり得る時代なのだと思います。

● 問われる「倫理観に対する感度」

　現代社会において多様性で意識しなければならないのはジェンダーだけではありません。性自認や性的指向もそうですし、肌の色、国籍、出自などの属性も、また思想や趣味、考え方も「多様であっていい」というのが根本的な考え方です。アメリカで始まり世界へと広がった人種差別への抗議行動、BLM（ブラックライブズマター）も、こうした「多様性」を認めよう、差別的な見方を排除しようという国際的ムーブメントの1つです。

　企業の情報発信においても、この多様性を逸脱・無視した内容に対しては、社会から厳しい目を向けられます。2020年、化粧品大手企業の会長が自社のWEBページ内で、在日朝鮮人への差別的な表現・内容を含む見解を発信。その後、この件を報道したメディアなどに対しても同様の差別的見解の発信を重ね、猛烈な批判を浴びるとともに一部で同社商品の"不買運動"が呼びかけられる事態となりました。

　ここまで会社を大きくしてきたトップの発信ゆえ、事前に社内で「これはまずいのでは」と気づいた社員がいたとしても、なかなか止められないという事情があったとしても不思議ではありません。ただ、こういったネット上の「舌禍」が社会的に大きな批判を浴びてしまうと、単に本業の業績という数字だけでなく、「トップに物申せない」「社会的倫理観に欠ける」など会社の社会的評価や信用まで一瞬にして傷ついてしまい、株価下落などステークホルダーへの悪影響まで出てしまう可能性が生まれてしまいます。もちろん、その会社で働く社員・従業員のモチベーションも下がってしまい、何もいいことなどありません。

　確かに会社員にとってトップの一般常識から乖離した認識に対して、意見することは気が重くつらい業務かもしれません。しかし危機管理の側面から見れば、属人的に「トップに対して指摘できませんでした」という理屈は対

外的に通用しません。一担当者レベルではなく、経営戦略を担う役員や外部コンサルタント、顧問弁護士なども巻き込んで、事態を放置せず業績への影響を最小限に食い止める策を講じるべきです。

こうしていくつか事例を挙げていくと、「その点はうちの会社は大丈夫」と思われる方がおられるかもしれません。しかし、人間はみな、子供の頃から今に至るまでさまざまな価値観に触れることで人格が形成されていきます。昭和生まれの年代であれば、かつて「男性が働いて女性が家を守る」のような価値観に触れたり、「男の子は泣くな、女の子はおしとやかに」などと言われたりしたことも少なくないと思います。こういった「価値観」が心の奥底にあると、いまはそういう時代ではないと認識しつつも、会社でつい「（女性社員は）早く家に帰った方がいいんじゃない？」「この作業は男性にしかできないね」「女性が職場にいると華やかさが違うね」などといった、今日ではアウトに近い発言をしてしまいがちです。社内だとその場で謝ることもできますが、こういった見解を社外に発信してしまうと、たとえ悪意や差別の意識がなくても、「時代錯誤」「倫理観に対する感度の鈍い会社だ」と思われてしまいます。

企業による情報発信では、こういった性やジェンダーに関する事柄をはじめ、人権や多様性尊重という時代の流れに反するような発信にならないよう、その内容やコメントの一言一句に気をつけることが大切です。

●「うそは言わない」「真実に忠実に」
──新たなプラットフォームが生まれても原則は変わらない

こういった時代に合った「倫理観」とともに、人としての普遍的な「倫理観」も大切にする必要があります。

少し極端な例ですが、いわゆる「迷惑系ユーチューバー」や回転寿司など

を舞台に少年らが投稿し、炎上した「迷惑行為動画」がいかにこの「倫理観」から外れているかを考えていただくとわかりやすいかもしれません。

スーパーで会計前の食料品を食べたり、事故現場に出向いて不謹慎な言動を行ったり、街中で許可も得ないまま通行人に失礼な突撃インタビューを行ったり、多くの人が眉をひそめるような社会的倫理的に許されない行為を自ら撮影し動画共有サイトなどに投稿しています。警察沙汰になることも厭わない若者が一向に減らないのは、「バズりたい」「悪いことでも目立ちたい」という今風の顕示欲の現れなのでしょう。

企業の立場では、さすがにここまでの行為を発信することはないと思いますが、それでも調子に乗って不謹慎なことや他者（他社）の誹謗中傷を口走ってしまったり、不用意に他の人の個人情報やセンシティブな情報を公開してしまったり、TPOから外れた言葉遣いの動画を投稿してしまったり、ついやってしまったというような「倫理観」に外れる行為は意外にたくさんあるのです。Chapter 1の各事例をお読みいただければ、それらの多くが「悪意」を持って意図的に行われるわけではない、ということがおわかりいただけるでしょう。

企業の信頼は「築き上げるには長い時間がかかるが、失うのは一瞬」とよく言われます。情報発信においても、その怖さを念頭に、気を配るべき点がたくさんあることをぜひ覚えておいてください。

時代は進み、AIなど今後の技術面での進化や新たなプラットフォームの誕生が新たな概念を生んだり、情報伝達のゲームチェンジャーになる可能性もあるでしょう。しかし、どんなに物事が進化しても、基本的な情報伝達手段は「文字」であり「言葉」であり「映像」であることは変わりません。そして、そこにある効果的な伝え方・伝わり方にも、普遍的に変わらない要素がたくさんあるのです。

文字、言葉、映像で訴えかけアプローチする先は「人の感情」という極め

てヒューマンな要素です。情報を伝えようとするときに、もし迷うような場面があった場合には、家族など一番大切な人の顔を思い浮かべて「うそは言わない」「事実に忠実に」「情報は可能な限りディスクローズ」という要素を大事に考えてみると、自ずと答えは出てくるように思います。

　動画コンテンツも含め、ネットは競争相手の多い情報伝達手段です。1日24時間という限りある枠の中で、スマートフォン、PC、テレビ、OTT（オーバー・ザ・トップ・メディアサービス＝インターネットを介して視聴者に直接コンテンツを提供するサービス）など、さまざまなデバイスやコンテンツがユーザーの可処分時間を奪い合っています。その競争の中で、戦略通り「情報発信を届けたい」ターゲット層、一般消費者にリーチするためにルールを知り、ぜひいろいろな工夫をしてみてください。

Chapter 3

「組織全体で意識を共有し、体制を整える」

情報発信リスクの防ぎ方

【本章のポイント】

Chapter 1 と Chapter 2 で、さまざまなソーシャルメディアによるトラブルの事例を見てきました。中には大炎上して世間でも話題となったものもありますし、裁判になったものもあります。

このようなことが起こるのは、ソーシャルメディアが急速に拡大していったにもかかわらず、利用のためのルールやマナー、情報発信に伴うリスクヘッジなどの周知徹底が追いついていかなかったからだと言えるでしょう。肖像権や著作権などの権利侵害や、経営者による人権侵害的な発言などは、これまでにもなかったわけではありません。ただ、ソーシャルメディアによるそれは、紙や電波を中心とする今までのメディアに比べて情報伝達のスピードが速く、情報が届く人の数が格段に多いのです。つまり企業や各種団体のブランド低下や信用低下へのインパクトもより大きいということです。

では、このような情報発信時のリスクをどうすれば防げるのか。この本を出すに至った本来の目的であるソーシャルメディアによるトラブル回避の具体的な予防策を、順に見ていきたいと思います。

● SNSでの炎上を防ぐ「さ・し・す・せ・そ」

　ソーシャルメディアによる情報発信リスクの講習会で、私が受講者のみなさんに、まず最初にお話ししているのが、「炎上リスク」を回避するためのキーワードです。

　発信した情報が炎上してしまう最も大きな要因は「配慮のない言葉」を発してしまうことですが、ほとんどの人は、それが「配慮のない言葉」であるとは自覚していません。さらにオンライン上で情報発信した途端、そのメッセージを膨大な数の人が目にする可能性がある、という認識も薄いでしょう。

　「炎上リスク」を避けるために、まず必要なことは、それが誰かを誹謗したり、傷つけたり、不快にしたりする可能性のある情報ではないか、しっかり認識すること。そして、その情報を不特定多数の人たちが見ることになる、と自覚することです。

　企業の場合は、社会的に公正であることが求められますから、極端に偏った考え方や、差別的だったり偏見を含む発言があれば、それを良しとしない人たちから直ちに企業姿勢が問われ、非難されることになります。これが炎上の火種になるのです。

　これからソーシャルメディアを始める場合は無論のこと、すでに始めている個人や組織も、この炎上につながるテーマや言葉を知っていただくことが大切であると思います。企業の中には、とりあえず上層部から「SNSを開設し、宣伝を始めろ」などと命じられて、綿密な準備もしないまま始めてしまう、というところも少なくはありません。そんなときでも、まずはこの「炎上キーワード」に気をつけてほしい、と思います。

　私が勉強した一般社団法人SNSエキスパート協会の講習では、炎上キーワードを「さ・し・す・せ・そ」と分けていて、これが大変わかりやすく覚えやすいので、ここでもそれで覚えていきましょう。最低限、この「さ・

し・す・せ・そ」を意識していただければ、大きな炎上は避けられることでしょう。

炎上を防ぐ「さ・し・す・せ・そ」

さ	差別、災害
し	思想、宗教、情報漏洩
す	スパム、スポーツ、スキャンダル
せ	政治、セクシャリティ（LGBTQ・ジェンダー）
そ	操作ミス（誤操作）

（出所）一般社団法人 SNS エキスパート協会

さ：差別、災害

　人種・国籍・障害者など社会的マイノリティへの差別的な発言は、必ず非難を受けます。中には、企業のトップ自ら人種差別的発言で会社のイメージを崩し、不買運動に発展したケースもあります。名誉毀損で訴えられるケースもありますので気をつけましょう。また、たとえば地震や津波などの自然災害については、災害に遭った被災地や被災者への配慮も十分考える必要があります。

し：思想、宗教、情報漏洩

　日本では思想や宗教の自由が認められています。にもかかわらず、特定の

思想や宗教を非難したり、価値観の違いから争ったりするケースが後を絶ちません。これは避けなければなりません。

また、著作権や個人情報がわかる文章や写真の添付などの発信には気をつけましょう。公開した写真の中に企業の不正行為の証拠が写り込んでいて警察に通報されたという例もあります。事前に入念なチェックをしましょう。

す：スパム、スポーツ、スキャンダル

悪質なスパムメール（受信者の意向を無視して一方的に送りつけられるメール）は無視することです。

また、特定のスポーツや贔屓のスポーツチーム以外のチームを非難するのは避けましょう。特に試合の勝敗については、負けたチームやファンに配慮しましょう。

芸能人や著名人などのスキャンダルについても、出所不明で裏付けのない噂話や、話を誇張することはしないようにしましょう。

せ：政治、セクシャリティ

政治に関わる話題は避けましょう。支持政党の話や、その他の政党の非難は絶対しないように。

また、セクハラにつながるような男女間の違いによる嫌がらせ的な話題や、トランスジェンダーなど社会的マイノリティの方への偏見発言もやめましょう。

そ：操作ミス（誤操作）

指定の時間以外や発信先のミスなど、操作によるミスで間違ったところに発信して炎上することもありますので気をつけましょう。

粗品進呈で Instagram 誘導は違反 !!

半年前に某一流ホテルで大好きなヌン活（アフターヌーンティーを楽しむ活動）に行った時の話です。ホテルのアフターヌーンティーは、それは美しくインスタ映えは文句ないので、食べながらもスマホで全てのスイーツと料理を撮影していました。

そこにホテルのスタッフが来て「お客様、お撮りになられた写真を当ホテルのハッシュタグをつけて、指定の所にアップしていただければ、シャンパンを 1 杯サービスいたします」と言うので、即言われた所に撮った美しいスイーツの写真をアップしました。

ホテルの Instagram を見ると、それはもうたくさんの写真が指定のハッシュタグをつけてアップされており、これで集客しているのだなと感心しました。

私も 2 年ほど前に管理していた観光施設の Instagram が全く集まらないので、写真をアップしてくださった人には粗品を差し上げますというキャンペーンをして、アップする写真を増やしたことがあります。

しかし !!　2023 年 10 月 1 日からは、これもステマ行為となり景品表示法違反になりますので注意してください。キャンペーンのつもりで、粗品やプレゼントと交換に Instagram にアップする手法を行っている所は少なくないはずです。中でもアパレル業界では、昔から自社の服を着た顧客に謝礼を提供して写真をアップしてもらう、という手法をよく行っていて、某アパレル会社も注意されたことがありました。Instagram も本来は口コミサイトです。謝礼を払ったら広告になります。新しいステマ規制法を SNS 担当者はきっちりと理解して運用してください。

基本として「相手を思いやる気持ち」と「当たり前の常識」があれば、問題は起こりません。発信した情報は、さまざまな立場の人が見ているのだということを周知し、誰も不快にさせない平等な発言に努めてください。それに加えて、個人情報や著作権等を侵害した投稿内容になっていないか、公序良俗に反する内容になっていないかも重要なチェックポイントになります。

● ソーシャルメディアの運用体制を構築する

　ソーシャルメディアを安定的かつ継続的に運営するには、チェックができる体制の整備が求められます。以下で、そのポイントを挙げましょう。

1．コンテンツのチェック体制

　まず、コンテンツの主な情報源となるものを事前に決めておく必要があります。企業としてアカウントを開設すると、間違いなく外部とのコミュニケーション量は増加します。不特定多数の人が見ているわけですから、コンテンツに使って問題のない画像や動画の範囲、投稿の本文やコメントで注意する点や、実際にコンテンツを制作する担当者、チェックする担当者を決めて役割分担を明確化し、組織として共通認識を持っておく必要があります。このようなことを事前にきちんと検討しておくと、企業としてのスタンスもブレずに進めていけます。

　ソーシャルメディアを活用する際には、必ずその前の準備段階で、企業が社外に向けて組織の明確な指針やスタンスを文書化したソーシャルメディアポリシーを作成します。企業によっては「利用規約」を表示しているところもあります。

　ポリシー策定案のサンプルを、以下に示します。企業によって考え方が違

うので、独自のものを作ってください。

　私はポリシーを作成するときは、広報担当者などから企業概要や仕事の内容を聞き、ソーシャルメディアを利用する目的から社会にどのように貢献するのかなど、いろいろと聞き取りをして、その企業の魅力と強みを出せるようなポリシーを作成するようにしています。

❶ 基本方針と原則

　企業として、ソーシャルメディアをどのように活用していくのかという目的や、どのような考えでそれを進めていき、ステークホルダーや世間の人々に何を伝えていくのかという組織の基本姿勢を表明します。

❷ 情報発信時のルールと免責事項

　企業が情報発信をするときに、発信頻度や時間帯などが決まっていたら、そのルールを記しておきます。ルールを決めておかないと、発信そのものがいつしかととどこおっていた、ということもあります。ここではアカウント管理やセキュリティも確認します。

　たとえば、以前、私の勤める業界が運営するソーシャルメディアのアカウントが悪意のある人たちに乗っ取られたことがありました。すぐに気づいて、ソーシャルメディアを閲覧するお客様に注意喚起を出しましたので、大きな被害は免れました。この場合、外部からの悪意による不可抗力なので、企業側は責任を負えません。ハッキングはいくら注意していても起こってしまいますので、事前にその場合の企業側の責任の所在を明示しました。運営側として免責されたいものはよく検討して記載します。ただし、免責事項を記載しているからと言って、いかなる場合でも免責されるわけではありません。運営者側に明らかな過失がある場合は、当然免責されることはありません。

❸ 機密情報の保護

　組織や企業に関する情報には、公開できない機密情報もたくさんあります。個人情報や知的所有権などの情報は、安易に取り扱って万が一漏洩などしてしまうと、経営そのものに大きな打撃を与えることがあります。ここは特に

気をつけて、機密情報を保護する旨を、きちんと記しておきます。また、ソーシャルメディアで、アンケートや懸賞などを行うことがある場合は、個人情報だけ規約とは別に「プライバシーポリシー」として作っておくと良いかと思います。

❹ 第三者の権利の保護

自社の情報はきちんと保護しても、他人の著作権や肖像権には無関心や不注意な場合があります。発信した情報に第三者が関わっているときは、その人による二次使用に十分な配慮が必要です。自社の権利保護以上に気をつけて、取り決めを記しておきます。

❺ 顧客・取引先の情報の保護

守らなければならないのは自社だけではなく、取引先や顧客などすべてのステークホルダーが対象です。これらの関係を特定されたり、ステークホルダーの機密情報が漏れるようなことは絶対にあってはいけませんから、ここも厳しく記しておきます。

❻ 発信する情報の真偽の明確化

Chapter 1 の事例にもありましたインフルエンサーによる口コミに金銭を払って意図的に発信しているステルス・マーケティングなどは、それが広告であることを正直に表示することです。さらに出所不明な話題や噂話はファクトチェックがなされていないので、取り扱わないようにしましょう。

❼ 誹謗中傷・差別発言など人を傷つける表現の禁止など

これらは出てしまったらとりかえしのつかない内容です。思想や宗教、セクシャリティや政治など、先に述べた情報発信の炎上キーワード「さ・し・す・せ・そ」をよく心得て、決して誹謗中傷や差別的な発信をしないことを誓います。また横柄な表現や上から目線的な表現にも気をつけましょう。これには発信する情報をダブル・チェック、トリプル・チェックする組織的な対応が不可欠です。

ポリシー策定案サンプル

株式会社□□ ソーシャルメディアポリシー

株式会社□□は、当社ソーシャルメディア公式アカウントの運営及び、当社社員ソーシャルメディア参加に関して、ここにポリシーを定め、それを遵守します。

原則

〈目的〉

1．当社はソーシャルメディアを通じて当社の情報を発信し、お客様とのコミュニケーションを心がけ、お客様に支持される企業になることを目的にします。

2．当社はお客様のご意見、ご感想を通じてお客様に望まれるサービスを理解いたします。

3．当社の商品サービスをより多くのお客様に知っていただくことに努めます。

4．お客様との対話を通じて、お客様の満足度及び当社の信頼とブランド価値を高めていきます。

〈ソーシャルメディア参加にあたっての心構え〉

1．当社はソーシャルメディアが広く世界に向けて公開されたコミュニケーションの場であることを知り、一度発信した情報は完全には取り消せないことを理解し、つねに良識ある姿勢で臨みます。

2．当社は当社の行動基準である倫理行動基準と就業規則、並びにポリシーなどの社内規則を遵守します。

3．当社は、お客様との対話で、お客様に有益かつ積極的な情報発信を行います。

4．当社は、発信する情報の内容や発信の仕方に十分注意し、誤った情報を流したり、お客様に誤解を与えたりすることのないよう心がけます。

5．当社は、第三者の知的財産、プライバシー権等の権利を尊重し、名誉の毀損をしないよう配慮します。

※ポリシー策定案のフルバージョンは、https://str.toyokeizai.net/books/9784492762653/ から入手いただけます。

❽ 真偽不明の情報発信の禁止

真実かどうかわからない、確認が取れないものは安易に発信しない、という宣言をしておきましょう。万が一、発信したものがニセ情報だったと気づいたときは、すぐさま訂正と謝罪の対応をすることも記しておきます。

❾ 禁止行為について

最近、私が特に気をつけているのが、この外部からの迷惑行為や有害な行為をする人たちへの禁止行為の対応です。最近話題になったバイトテロや顧客テロ、ユーチューバーの行き過ぎた行為などが大変多くなっています。それらに対しての禁止事項を決めて、さらに違反したときのペナルティを記載するようにしています。

今までは、お客様第一主義からか、何をされても泣き寝入りでした。しかしお客に醤油瓶を舐めまわして戻された回転寿司チェーンが損害賠償で訴えました（Chapter 1、事例 3 参照）。最終的に調停ということになりましたが、企業がペナルティを科すという強い姿勢に出たことで、悪質な迷惑行為や悪戯行為は少なくなっています。

2. 社内向けにガイドラインを作成する

次に、社内向けに担当者がソーシャルメディアを利用するときの指針やルールを示したソーシャルメディア・ガイドラインを作成して社内に周囲徹底します。

ソーシャルメディアを活用することで、これまでにない幅広い層の人たちとのコミュニケーションが生まれます。このことは、認知拡大はするものの、同時に価値観の異なる人たちや悪意のある人たちと接する可能性が増えることを意味します。この価値観の相違、意見の食い違いなどが、トラブルや炎上リスクの可能性となります。

ネットで発信する際には、発信する側からは想像のつかない広い世界が存

在しているということを十分理解し、トラブルを最小限にするために、ガイドラインでルールを決めて文書で残すことで、ソーシャルメディアに関するトラブルを防ぎ、トラブルが起こったときも落ち着いて対応できます。企業の信用を守るためにも用意しましょう。

　また使用ガイドラインは、使う言葉や使ってはいけない言葉、情報の正確さの保証など、気をつけるテーマやトラブル時の責任の所在やペナルティなどを事前に確認して作成しています。

　この他にも、社外向けの文書として、ソーシャルメディアを運営する上での免責事項や禁止事項などを記した規約としてコミュニティガイドラインや、個人情報を取り扱う上での注意事項を記したプライバシーポリシーなどがあります。たくさんの規約を提示しても、利用者はなかなか読んでくれませんので、企業によってはこれらをまとめてソーシャルメディアと共に提示しているところも多いようです。

　以下に挙げるのは、ガイドラインを作成指導するときのポイントです。これらを話し合って決めたものを文書化していきます。ただし、これが完璧なものであるというわけではなく、企業や組織によって対応する内容は変わりますので独自のものを作ってください。

3. 担当者だけでなく、全社で研修して意識共有する

　このように、ポリシーやガイドラインができたら、それを全社員に周知することです。担当者による不注意や、無知から出たコンプライアンス違反を防ぐためには、従業員だけではなく、経営者も一緒になって企業内教育をすることが大切です。

　そもそも企業における情報発信のトラブルは、担当者だけの責任ではありません。またトラブルの内容によっては会社の経営そのものが大きく傾いて

ガイドライン策定案サンプル

〈SNS 利用ガイドライン〉

　株式会社□□では、全社員に対し、ソーシャルメディアの参加全般に係る心構えを示したガイドラインを定めています。当社グループの公式アカウントの運営担当者のみならず、ソーシャルメディアに参加する全社員がガイドラインを理解し、節度ある態度で、ソーシャルメディア上の対話に臨みます。

記

　当規約は株式会社□□の運営するソーシャルネットワークサービス全般を対象として、利用する際の利用ガイドラインとします。

　本サービスの利用者は利用に際し、以下の行為を行わないものとします。

・当社の全利用者及び他の第三者の権利利益を侵害する行為（虚偽の発信、偽装発信など）
・当社の全利用者及び他の第三者に対して、誹謗中傷、侮辱、信用・プライバシーの損害、業務妨害する行為
・宗教団体、その他の団体組織への加入を勧誘する行為
・本サービスを通じて得た情報を営利目的に使用する行為
・本サービスを利用して、当社の全社員及び第三者に対して、悪質なコンピュータのソフト・ハードの機能を阻害する行為
・SNS の利用規約、公序良俗、法令、刑罰、法規に反する行為。当社が不適切と判断する行為
・発信情報をルールの指定以外で無断に変更・削除する行為
・社外での発信
・当社指定の端末以外での発信
・内容未チェックの発信

※ガイドライン策定案のフルバージョンは、https://str.toyokeizai.net/books/9784492762653/から入手いただけます。

業務での SNS 発信は会社内で行うことが原則

　企業の情報発信では、時として会社のイベントなどで社外に出ていたとき、企画で別の土地に行ったとき、あるいは担当者（中の人）の自宅からSNS を発信するという場合があります。ここで問題なのは、会社から発信していないことから、事前に発信内容をチェックする人が近くにいないことです。

　発信担当の中の人は、若い人であることが多いでしょう。デジタル・ネイティブと呼ばれる年代層はスマホ慣れもしていますし、ネットリテラシーにも長けています。ただ反面、敬語をはじめとする言葉の使い方や、世情に対しての知識や常識が未熟な人も少なくありません。ですから、必ず上司や先輩など年長の人に発信内容を確認してもらうことが必要です。

　現に、SNS の発信で炎上する要因の 1 つに、発信内容そのものではなく、その言葉の使い方が受け手に対して不快感を与えた、ということがあります。お客様に向けて発信しているのに、友達に話すように書いていたりするとお客様は不快に思うかもしれません。また未熟な知識で政治や世情を偏った視点で書いたりしてお叱りを受けることもあります。

　そしてなにより怖いのは、自宅などで自分の SNS と勘違いして、企業アカウントに個人的な話を発信することです。企業の SNS は、必ず個人用スマホと業務用スマホに分けて、そして上司に内容を確認してもらった上で発信するようにしてください。それが誤爆や炎上にならない強力な予防策です。

しまうような事例もあります。だからこそ、トップ自らがデジタル・コンプライアンスの意識を高く持ち、情報発信のリスクを十分に理解していれば、万が一トラブルが起こったとしても、慌てず内容に沿った対処ができます。日頃からコンプライアンス教育をしていることで、情報に対する敏感さが磨かれます。「私は関係ない」「社員に任せてある」という姿勢ではなく、経営者自ら率先して研修を受けるなど、当事者意識を持って取り組んでいただきたいと思います。

　関係する社員が、ソーシャルメディアの使用方法やリスクについての教育やトレーニングを受けることは当然です。適切な使用方法だけでなく、個人としての責任、現場のリスクについての理解を高めることが重要です。

　私は講習会でいつも「発信したものはつねに世間から見られて評価されるということを意識しておくこと」と言っています。単語1つに、世間の厳しいチェックが入ると思えば、自ずと慎重になるものです。

4．ソーシャルメディアに関わる人や物には、利用の約束事を決めて
　同意書や契約書などを締結する

　Chapter 1の事例1のように自社のホームページであれSNSであれ、そこに社員を出演させる場合は、そこには必ず肖像権や著作権が発生します。今までは、社員は会社に協力するのが当たり前だろうというような意識で、会社の上からの命令だからと若手社員たちもシブシブ参加したりしてきました。しかし今は、社員の意思確認をして、無理強いすることはできません。下手をするとパワハラだと指摘されかねません。

　また社員が入社後すぐに辞めていくなど、人の流動も昔よりずっと活発になっています。終身雇用制度そのものも崩壊しつつあり、若い社員たちは一生1つの会社にとどまる方が珍しくなっています。会社を退職すれば、その社員は会社を盛り上げる義務や必要はありません。にもかかわらず、いつま

でも会社のホームページに、自身の写真やコメントを載せられるのは嫌なものです。

　そこで、企業側としては、ホームページやSNSに登場してくれる社員に関しては、必ず事前に、掲載時の条件を書いた同意書か契約書を交わすようにしてください。その内容に関しては、使用目的や退職後の対応などを詳しく書いておくと良いでしょう。

5．チェックシートで確認する

　SNSによる誤爆や危険な内容を発信しないためにも、発信する前のチェック機能を整えることが必要です。万が一のトラブルに備えて、責任者が1つひとつチェックするのが理想ですが、それだけに業務が取られていては話になりません。

チェックシート作成案例

チェックシート	確認者A	確認者B
内容はガイドライン通りになっているか		
「さ・し・す・せ・そ」に触れていないか		
発信端末は会社指定か		
写真や著作権は大丈夫か		
上司に確認済みか		
科学的に立証されているか		
誇大・歪曲した表現になっていないか		
噂話のレベルではないか		

　そこで、あらかじめリスクを想定したチェックシートを作っておき、それを担当者が発信前に1つひとつチェックをし、確認した上で発信するようにしましょう。こうすることで、少なくとも誤爆や不適切な内容を書き込むというような発信は防げると思います。このチェックシートはあくまで一般的

肖像権使用に関する承諾書サンプル

株式会社□□
代表取締役　□□

〈肖像権使用に関する承諾書〉

　私は、　　年　　月　　日に撮影される御社企業 PR 写真、及び映像について　年　　月　　日に説明を受け、下記の内容について承諾します。

1．御社で撮影した御社の販売宣伝、PR 及びプロモーション目的（詳細は下記）で、私の写真や映像・音声について、御社が無償で利用すること
2．撮影された写真や映像・音声を下記の媒体などで使用すること
　　・紙媒体：チラシ、ポスター、パンフレット、POP 等
　　・WEB サイト：株式会社□□運営の WEB ページ（オンラインストア、予約サイト等含む）
　　・株式会社□□運営の SNS（Facebook、Instagram、Twitter、TikTok、YouTube）
3．私が御社とトラブルになった場合、それ以降も引き続き御社が無償で利用すること
　　（※なお、写真や映像の破棄を希望する場合は、株式会社□□へその旨を伝え、それを受けて御社は誠意を持って削除などの対応をすること。ただし、元動画を削除しても万が一、すでに第三者によるキャプチャやコピー保存された物に関しては対応できないことは了承する）
4．株式会社□□に関する商品及びサービスのプロモーションを目的とした、第三者による使用（新聞、雑誌、広告等の紙媒体、ニュースサイト等の WEB メディア、旅行会社ホームページ等の WEB サイト、第三者運営の情報発信アカウント等のソーシャルメディア）
　以上の内容に同意します。

　　　　　　　　　　　　　　　　　　　　　　年　　月　　日
　　　　　　　　　　　　　　本人（未成年者の場合保護者）署名

　　　　　　　　　　　　　　＿＿＿＿＿＿＿＿＿＿＿＿＿＿＿

SNS をしていると会社の魅力を知って会社愛がアップする？

　私の SNS の講習会では、受講者のみなさんに Instagram や Twitter の魅力的な発信の仕方をアドバイスしています。同じ写真でも Instagram にアップするときは、加工アプリなどを使って、景色を綺麗にしたり、エフェクトを使って画像にインパクトを与えたりすると注目度が上がります。講習会が終わると、SNS 担当の人たちは喜び勇んで、ネタを探したり、あれこれと工夫をしながら発信をして「いいね」やフォロワー数を伸ばす努力をしていきます。

　そのような作業を続けていると不思議なことに、担当者のみなさんは毎日毎日、自分の会社の話題や魅力探しをしているので、それが積み重なって「自分の働いている会社が、こんなに魅力があるのかと気づいて、改めて好きになった」ということが起きます。そうなのです。実は人に魅力をアピールしていくうちに、改めて自分の会社の魅力を再認識して、会社が好きになる。ひいては SNS をすることで、社員と会社のエンゲージメントにも役に立っているというわけです。

な作成例です。個々の利用者は、自身の具体的な状況やニーズに応じてカスタマイズしてください。

● 日々の運用時の注意点──惰性的になるとミスが出る

1．日々の反響を見ながら時々エゴサーチ（自社の評判・評価）をする

　社員が自分のアカウントとは別の裏アカウントを使って、自社の非難をし

ていたり、同僚や上司の非難をしていたりすることは今までよくありました。匿名性の高い Twitter 等では、社内情報が漏洩したり、取引先との情報が漏洩したりというトラブルも多々あります。

　最近ではこういった裏アカウントや情報発信者の特定をしてくれる会社もあり、たとえば採用時に採用予定の人の SNS をチェックして人となりをリサーチしているケースが増えています。よって匿名だからわからないだろう、裏アカウントだからわからないだろうというようなことは、今では通用しません。大手企業では、そういったアカウントリサーチや、どういう自社の評判が出ているかというエゴサーチは頻繁に行っています。

　エゴサーチは自社の評価や反応などをチェックするツールですが、自社をどのように世間が見ているかという調査にも役立っています。リサーチ会社を使うまでもありませんが、キーワードを叩いて、時々、自社の評価や評判、非難やお褒めの言葉などを把握しておくのは今や常識となっています。

　自社への反応やコメントを監視し、問題が発生する前に早期に察知することが重要です。

2. フィードバックの受け入れと改善

　また、不適切なコメントや攻撃的な発言を発見したら、適切に対応することが必要です。そのまま放置していると、火種は大きくなっていくので素早く対応しましょう。

　SNS 上でのユーザーからのフィードバックや批判に対して、耳を傾け、真摯に受け止めましょう。寄せられた意見については関係者間で共有し、対応について協議します。改善すべき点を把握し、適切な改善策を実施することで、炎上のリスクを低減することができます。コメントは貴重なお客様の声でもあるのです。

忘れがちなスマホのセキュリティ

　会社のスマホを使い、会社のアカウントで、毎日いろいろな会社の魅力やお知らせを発信する作業は決して楽ではありません。ネタ探しから、企画、執筆、確認、発信と手順をきちんと踏んで、問題がなかったらアップする。会社側は広報セクションなどに、ついでにとか、片手間意識でやらせているケースもありますが、売り上げアップやブランディング、顧客のマーケティングに本気で取り組んでいる企業では、専用のスタッフが業務として1日中向き合ってやっています。

　特に最近は TikTok や YouTube などの動画配信もありますから、とても片手間でできるものではありません。しっかり配信している企業では、配信チームを編成して取り組んでいるところもあります。

　ところが、こんなに業務として真剣に取り組んでいるのに、肝心の発信に使う業務用スマホにセキュリティ・ソフトが入っていない、というケースが実に多いことに驚かされます。企業は業務用パソコンには必ずセキュリティ・ソフトを入れています。しかし「スマホのセキュリティ・ソフトなんかあるの?」と聞かれたことがあって驚きました。スマホもパソコンと同じで、つねにハッカーや悪質なフィッシングに狙われていますので、必ずセキュリティ・ソフトを入れてください。

3．ニセ情報やデマへの対策

　SNS上では偽情報やデマが拡散されることがあります。基本的なことですが、信頼性のある情報、冊子の確認や正確な情報の提供に努めることが重要です。また、デマや誤解に対して迅速に対応し、正確な情報を発信することも大切です。これも事前にガイドラインを作成しておけば、冷静に対応できます。

●「パブリック・ドメイン」のルールを知り魅力的な情報発信を！

　ここまで、主にソーシャルメディアでの著作物の利用について、厳しいルールがあることをお伝えしてきました。みなさんは、さぞかし著作権は面倒だとお感じになったかと思います。確かに一般的に著作物を使用する際には、著作権者に許諾を得る必要がありますから面倒ですね。しかし実は、一定の条件を満たせば、著作権者に許諾を得ることなく、使用できる場合もあります。

　まず、この著作権者の権利を制限し、許諾を得なくとも著作物を使用できるようにすることを著作権の制限と言います。なぜ許諾を得なくてもよいのでしょうか？　それは、文化を発展させるためには、どんな場合でも著作権者の許諾を得ないといけないと制限してしまうと、著作物の円滑な使用ができない場合が出てきます。これでは、せっかくの逸材も文化の発展に寄与することを目的とする著作権制度の趣旨に反することにもなりかねないと考えられるためです。それでも、好き勝手に使えるというわけではなく、一定の条件が厳密に定められています。

私たちが日頃SNS発信時に比較的、自由に使用しているのが「パブリック・ドメイン」です。これは著作権が切れている場合や著作者自身が著作権を放棄した場合、著作物は誰でも自由に使用できます。

　今回、本書の所々にムンクの「叫び」風のイラストがあることに気づかれた方もいるでしょう。実はムンクの作品も2015年に著作権が切れてパブリック・ドメインになっていたので使用しています。ただ著作権（財産権）が制限される場合でも、著作者人格権は制限されません。

　この他にも、著作物を許諾なしに使用できる場合がいくつかあります。

　さらに、著作権が切れたパブリック・ドメイン以外にも、許諾を得ずに利用できる場合がいくつかあります。私的利用のための複製なら許可なく利用できます。この場合、私的利用のための複製とは、自分自身やごく身近な少数の人とだけ楽しむ場合です。携帯のSNSで面白いからと友人にシェアするのは、いくらでも拡散できますから実はアウトです。結構無意識にやっている方がおられるのではないでしょうか？　映画館やコンサートでの撮影も原則禁止です。時々映画の海賊版DVDが売られていて、見てみると人の頭の影が映っていたりしていました。これは明らかに映画館で撮影したものを複製した違法DVDです。海外に行くと街中で売られていたりするので買わないようにしましょう。

　また、将来的に許可を取って使用したいと検討過程中の利用は、必要とされる範囲で許可なく使用できます。ところが検討の結果、それを本格的に利用するという段階になって、許可を取るのを忘れたまま利用してしまうことがあります。Chapter 1のコラムにも書きましたが、関西IRの建設のためのイメージパースのプレゼンで利用した世界的な有名アーティストの作品のコピーを、許諾を得ないままインターネット上で公開したトラブルがありました。国際的な大手企業ですら、このようなミスがあったことに驚きました。「うっかり忘れていた」では済まされないケースもありますので、このような場合は必ず許諾の確認をしましょう。

ビジネスのプレゼンなどで時々、白書のような国や自治体などの公的機関から公開された著作物を使用することがあります。これは、転載禁止の指示がない限り、元来広く公開する目的があるので許可なく新聞・雑誌・その他の刊行物に転載できます。

　さらに気をつけたいのは、著作権の許諾については、国によって規制の概念や範囲が違います。日本国内なら問題なく使用していたものが、海外ではアウトとなるケースも有りますので、ビジネスなどで広く利用する場合は、必ず専門家に確認をしておくことをお勧めします。

　著作権が制限されるケースについては、文化庁のホームページにも詳しく載っていますので参考にしてください。https://www.bunka.go.jp

Chapter 4

それでも起こる
トラブルに
どう対応する？

【本章のポイント】

　この章では、意図せずに起こってしまったソーシャルメディア上でのトラブルに、どのように対応するのか、どうすれば被害を最小限に食い止められるのかについてご説明します。トラブルには、企業のソーシャルメディアで発信した内容や言葉に対して非難が殺到して炎上したり、「誤爆」と呼ばれる端末機の誤操作などの内部から発生するケースと、悪意ある非難コメントやその拡散、企業が保有する著作権や肖像権が無断使用されるなどの外部から受けるトラブルとがあります。それぞれの対応法を見ていきます。

● トラブルが起こったときになすべき３つのアクション

1．とにかく冷静かつ迅速に事実確認する

　SNSで発信した画像もしくは文章が、一般の人たちに不快感をもたらして、非難コメントが殺到し、炎上してしまう。いくら注意を払っても、前章で説明したようにチェック体制を整えていたとしても、程度の差はあれ、こういうトラブルは必ず一度や二度は起こり得ます。

　私も当時勤めていた企業の広報責任者のときに何度かSNSの炎上を経験しています。あっという間に拡散される非難に狼狽えて、どうしようかと悩んだものです。

　自社が発信した情報で、SNS上で炎上したときには、まずは落ち着いて事態を受け止める必要があります。寄せられた非難コメントを見て、怒ったり、動揺したりと、つい感情的になりがちですが、ここは堪忍、冷静になって現状を正確に把握します。

　こんなときに役立つのが、日頃準備している危機管理に対応する手順とツールです。そもそも、ソーシャルメディアのトラブル対応は、まさに企業不祥事時の謝罪や会見と同様に、今や危機管理広報の仕事と言えるでしょう。

　私の場合は、何か問題が発生すると、必ず危機管理広報用に作成してある「現状報告シート」に確認したことを埋めていくようにしていました。作業は、5W1Hのコマを作り、そこに確認したことを記入していきます。

　このシートに、正確な事実を確認して埋めていき、担当者間で共有します。事実確認シートに書き込んでいく作業をすることで、頭が整理されて冷静に対応することができます。他の事故や事件の際などにも役立ちますので、確認シートは常日頃から作っておくといいでしょう。

現状報告シート

・WHO（誰が）	
・WHEN（いつ）	
・WHERE（どこで）	
・WHAT（何を）	
・WHY（なぜ・目的）	
・HOW（どのように）	
・担当対応部署	
・発信者	
・発信内容	
・炎上の原因	

　また、収集した事実の確認は、手分けして早急に事実の確認をしていきます。「トラブルを周りに知られたくない」とか「できるだけ内密に」と考えて、限られた人数の中で処理していると時間がかかります。トラブルはいずれ、社内には公開しなくてはならないことですから、社員が一丸となって作業を進めていくことです。

2. 初動が命。外部に対して迅速な対応を

　事実関係を押さえた上で、対応には迅速であることが求められます。ぽやぽやしていると、炎上内容は瞬く間に拡散されていくからです。
　状況を把握した結果、画像であれ文章であれ、Chapter 1 で挙げた権利侵害など、明らかにこちらに落ち度やミスがあった場合は、関係者や被害者に対してできるだけ早く誠実な謝罪を行いましょう。こちらに落ち度がなく、一方的な悪意のコメントから炎上するなどの被害者であるケースもあります。こういう場合は、起きた事実に対してのコメントを出す場合もあります。

〈初動状況報告書例〉

提出日	受領部署	作成者	報告先
2023 年 9 月 25 日午前 10 時 30 分	事業本部 広報部	○○広報 課長	広報部長
〈発生状況〉 誰が・いつ・どこで・何を・どのように・どうした			
2023 年 9 月 25 日月曜日、午前 10 時に工事部の SNS 担当の○○が発信した Twitter の内容表現が不適切だと炎上し、発信後から非難コメントが殺到。発信内容は職場の女性を揶揄ったものが入っており、女性差別だと非難されている。急ぎ、広報に連絡して対応を協議する	執行役員		
〈状況経緯〉 9 月 25 日午後 0 時 30 分現在			社長・専務
9 月 25 日月曜日　午前 11 時半広報から謝罪コメントを入れると連絡があり、謝罪するも非難コメントは収まらない。現在当社ホームページで社長の謝罪を掲載するか検討中	広報部長		
〈決定事項〉 広報の謝罪コメント			社長・専務
SNS 担当者の更迭と状況聞き取り		広報部長	
〈問い合わせと対応〉 9 月 25 日月曜日午前 11 時　○○新聞社から問い合わせがあり広報が説明対応中			

最も手っ取り早く効果的なのは、全SNSや自社ホームページで、発生した事実内容と謝罪などを丁寧に書いたホールディングコメント（状況がよくわからない中でも、自社のスタンスや考え方などを伝える）を公開することです。これは、発生・発覚から、できるだけ早くアップする必要があります。未確認事項があれば、「ただいま確認中です。わかり次第、改めてご報告いたします」というコメントを添えて、後からまたアップしても構いません。

最も悪いケースは、事実の全容がわかるまで「何もしない」ことです。この何もしない間に、事態がさらに悪化するということを肝に銘じて、初動に全力を尽くしましょう。

3. 危機管理や法律の専門家の意見を聞く

トラブルによる影響が深刻化する可能性があると判断される場合は、弁護士など法的専門家の意見を求めることも検討する必要があります。内容によっては訴訟に発展したりすることがあり得ますから、素人判断だけでは炎上が収まらない恐れがあります。

大手企業なら顧問弁護士などがいますが、中小企業や自治体などは、費用がかかるからと日頃からの法的チェックや検討を怠っているケースが少なくありません。すると、いざというとき、すぐに相談に乗ってもらうことが難しく、深刻な問題にもかかわらず、弁護士探しから始めるなど、時間を要してしまいがちです。

私も自治体の広報課長だったとき、大事件なのに弁護士に依頼する手続きに時間がかかってしまったという苦い思い出があります。そのときは、私が日頃から懇意にしている弁護士に連絡し、上司の許可の下で進めました。しかし、こんなことは稀なケースです。企業は、自社を守るためにも常日頃から法的専門家とのつながりを持たれることをお勧めします。

● 被害を受けた企業側が法的処置を取る場合

　第三者による自社の著作権や肖像権などの知的財産権の侵害や、誹謗中傷などによる名誉毀損、第三者によるSNSのウケを狙った発信のために行われた営業妨害となる行為があったときなどは、被害を受けた企業側から法的処置を取るケースが増加しています。

　無論、この場合も、弁護士など法律の専門家に依頼して、進めていくことが必須となります。決して自己判断や社内の価値観だけの判断はしないようにしてください。先にも述べましたが、最近はお客様だからと遠慮することなく、悪質な行為や著作権侵害などに対して、企業側も毅然とした態度で臨むようになっています。結局、それが新たなトラブルを防ぐ抑止力になるのです。常日頃から、法的な処置に即対応できるよう、対応のノウハウと知識を身につけておきましょう。

　訴訟になった場合は、まずやらなければならないことは証拠の保全です。裁判では証拠が重要になるからです。関連する情報を集めて、SNS上の投稿やメッセージなどをチェックするなど、証拠となるものを保全しましょう。流動的なウェブ上の画像などは、スクリーンショット（キャプチャ）で保存しておくことが重要です。

　そして担当者は、対応に関するすべてを記録します。メールや会話の内容、文書などは証拠として役立つ可能性があるのですべて保管します。

　加えて、誹謗中傷を行った投稿者本人につながる、プロフィール等の情報を、インターネット上から探します。告訴などの手続きには、投稿者本人が特定できていなくても行うことができますが、投稿者を特定できれば、損害賠償請求を行うことが可能になります。

　また投稿者を特定するために、場合によってはSNSサービスを提供する

企業に、IPアドレスなどの情報開示を請求します。ここから、投稿者の氏名や住所等の情報の開示を請求することで特定できます。これが「発信者情報開示請求[2]」と呼ばれるものです。これらは、必ず弁護士の指導のもと、適切かつ正確に進めてください。

● 会見などの公表・発表の判断

トラブルを公表するかどうかについては、組織の判断が必要になります。自組織のミスであれ、第三者からの悪意のある攻撃であれ、いずれにしても、その影響が大きい場合、その事実を世間に公開する場合があります。また事実を知ったマスメディアが殺到して、個別対応しきれない場合には、記者会見を開くことも検討します。

事実を公開するか、会見をするかしないかの判断基準は、トラブルの内容やそのときの状況によって異なります。以下は、私がこれまでの経験で公開するときの判断として決めている公開基準です。危機管理広報に幅広く使えるので、参考までにご紹介します。

原則は、「公衆の関心度の高さと影響力」を考慮して判断する、ということになります。問題が公衆の関心を惹き、広範囲に影響を及ぼしている場合は、必ずメディアからの問い合わせが入りますので公開します。またトラブルの要因がたとえば、人の命や健康に関わること、差別的発言や人権に関わること、環境問題に関わることなどの場合は、ソーシャルメディアでなくても企業は公開しなくてはなりません。自組織に落ち度があれば、当然謝罪す

2　いわゆる「プロバイダ責任制限法（特定電気通信役務提供者の損害賠償責任の制限及び発信者情報の開示に関する法律）」に基づく情報開示請求を指す。

ることになります。問題が発覚したら、できるだけ迅速に誠実な謝罪会見を
することで信頼回復も早まります。

　発表するとなれば、当然被害者・加害者どちらの立場であっても再発防止
策をあらかじめ決めて同時に発表する必要があります。詳細は後に詰めてい
くとしても、方向性や概要は決めておくといいでしょう。また、トラブルの
原因が、社員の失態のときは人事部門が、操作ミスなどの場合は情報システ
ム課などの各当該部門と広報部門、そして経営部門や管理者で情報を共有し
ておきます。

　ここで、間違えてはならないのは、誰に対して何を謝罪するかです。

　「うちは被害者なんだから会見なんか必要ない」というのは間違いです。
被害に遭う要因は、企業側にも少なからずあるはずです。たとえばセキュリ
ティが甘かった、とか管理が甘かったなど、原因を追及すれば反省すべきと
ころは出てきます。

　そういうときは、「世間やステークホルダーにご心配とご迷惑をおかけし
ている」ことについて、まずは謝罪するべきです。そして、事実の説明と対
応を素早く説明すれば、企業の姿勢や対応能力に印象もアップします。被害
に遭っても、企業の対応次第で、取り戻すことができます。

　最後に忘れてはいけないのが、全社内へのアナウンスです。起こったトラ
ブルを社員が知らなかった、あるいはニュースで知った、ということはよく
あるケースです。現場が外部への対応に追われていて、内部へのアナウンス
がどうしても後回しになるからです。しかし、事案が大きければ大きいほど、
メディアは会社にまでやってきて、社員のコメントなどを突然取ったりしま
す。そんなときに社員が知らなかったり、余計なことを言ったりして最悪の
事態を重ねてしまうこともあります。そうならないために、社員にアナウン
スし、メディアなど外部への対応法を事前に共有しておく必要があります。

　ソーシャルメディアだけではなく、つねに社会との関係や距離を見計らい
ながら公表の基準を検討し、必ず専門家のアドバイスも受けながら事実の公

開をするかどうか判断してください。

● 騒ぎが落ち着いたらやるべきこと

　さて、迅速な対応で、騒ぎがひとまず落ち着いたら、すぐに今回のトラブルの原因や背景を正確に把握し、再発防止策を講じることが重要です。トラブルの経緯を精査して、全社で再発防止策を考えます。

　いったいなぜ、こんなことが起きたのか、その原因を徹底的に追及して明白にします。これを精査しておくことは、二度と同じ過ちを起こさないようにするためには必須です。現場にいますと、あれほど大騒ぎしていたのに、ことが収まった途端に気が緩み、その後はほったらかしというケースもありました。そういう企業では、同じような問題が再発する恐れがあります。1回目のトラブルのときにきちんと精査して原因を明白にして記録している企業では、ほぼ再発はありません。

　そして、精査した内容は、必ず全社で共有してください。トラブルを繰り返さないようにするためには、トラブルの要因となった問題点を明確にし、社員全員が理解して、学んでおくことが必須です。時には大掛かりな社内改革の必要もありますから、全社内共有は当然なのです。

　よくメディアで他社のトラブルが報道されると「ああ、大変だね」と他人事のように見て終わる人が少なくありません。他で起こるトラブルは、決して対岸の火事ではなく、自分たちにも降りかかってくる可能性があります。中古車販売会社でのパワハラや保険詐欺事件を見ていた同業者の人たちは、業界の信用失墜だとお怒りでした。しかし、怒るだけではダメなのです。昔から「人のふり見て我がふり直せ」と言いますが、これを機に自分の会社を今一度チェックしてみましょう。意外に危なかった、という事案が出る場合があります。

かつて食品偽装が横行したときに、連日テレビで報じられているのによそごとだと思っていたら、自社にも偽装があった、と発覚した企業がありました。発覚後の対応が悪く、業界団体や関連省庁からも厳しい対応を迫られて、再生できずに結局その企業は破綻して、別の会社に売却されてしまいした。「自分の会社は関係ない」と安心しているのが最も大きなリスクなのです。世間のトラブルは注意して見ていてください。

　トラブルが沈静化して職場が落ち着いたら、前章で取り上げた体制についても再度検討してみましょう。コンテンツのチェック体制を見直し、ポリシーとガイドラインについても改訂する必要があるかもしれません。社内研修なども、トラブルの事例を振り返りながら、プログラム内容や受講対象、開催頻度を再考してみましょう。

　できれば、日頃から危機管理の一環としてコンティンジェンシープラン（CP：Contingency Plan［緊急時対応計画］）を作成しておくとさらにいいでしょう。これはソーシャルメディアのトラブルだけでなく、新型コロナ感染拡大時など、万が一の緊急事態によって企業の事業活動に支障が生じたときに備えて、事前に対応できる計画です。身近なところでは消防訓練がそれに当たります。これをソーシャルメディア対応にも導入しておくと安心です。

　また、トラブルが発生してしまったときに、その中でも事業をできるだけ継続できるよう計画したものをBCP（Business Continuity Plan［事業継続計画］）と言います。最近では、私はまさにコロナ禍における企業のBCP作成に追われました。元々災害やコロナなどのパンデミックなどの大きな緊急時向けに作成するようになっていましたが、昨今は、ひとたび不祥事を起こしたら、ネットを中心にメディアなどで大騒ぎとなり、中には倒産に追い込まれる企業も出てきました。そのため、SNSによる不祥事の対応として、リスク意識の高い企業では、CPやBCPを事前に作成して、万が一に備えているところも出てきています。

Column **3**

情報発信に生成 AI は活かせるか──その活用と注意点

　いま、巷では ChatGPT などの生成 AI が急速に拡大しています。IT 革命以来の改革だと言われている生成 AI の可能性は無限大です。ビジネスシーンでもサービス向上や作業の合理化に役立つことは間違いありません。しかし生成 AI にはリスクもあります。本書のテーマであるソーシャルメディアなど、デジタル・プラットフォームで生成 AI を活用して情報発信する際にも、注意を要する点が多々あります。

　そこで、まだまだわからないことが多い生成 AI を使用する際に、現時点でわかる範囲の注意すべき点を考えてみました。

1．情報の正確性は大丈夫？

　生成 AI は大量のデータを学習していますが、それにもかかわらず、提供された情報がつねに正確であるとは限りません。特に医療、法律、金融などの専門的な情報に関しては、専門家の助言や信頼できるソースによる確認が必要です。

2．プライバシーとセキュリティが不安

　生成 AI は、入力されたテキストに基づいて応答を生成します。個人情報や機密情報など、第三者に開示すべきでない情報を提供しないように注意してください。また、信頼できないソースからの情報の入力やリンクを提供することも避けるべきです。

3．倫理的な利用を

生成 AI は、言語生成モデルですが、悪意のある目的で使用される可能性もあります。倫理面に留意し、他人を傷つけるような攻撃的な言葉や、差別的な内容を生成しないようにしましょう。

4．自己認識の制限

生成 AI は、自分自身が AI であることや、知識の制限、認識能力の欠如を理解していません。そのため、誤った主張や不正確な情報を提供する場合があります。ユーザーは、つねに提供された情報を慎重に検証する必要があります。

5．コンテキストの理解の限界

生成 AI は、入力の一部や会話の履歴を考慮することができますが、長期的なコンテキストを保持する能力には制約があります。したがって、長い対話の場合でも以前の応答に依存しないように注意してください。

このような注意点をふまえて生成 AI を社員が悪用しないように使用ガイドラインを作る際の、重要なポイントを挙げます。

1．利用の目的と利用の制限をする

明確に定義された利用目的を設定し、それ以外の目的での使用を禁止するガイドラインを作成します。たとえば、顧客対応や情報提供などの業務サポートを目的とし、個人情報や競合他社に関する情報の漏洩等を禁止する、といった具体的な制限を設けます。

２．機密情報の保護

　生成 AI を使用する際に、機密情報や重要なビジネスデータの扱いに
関して、特に慎重に対応します。社内の機密情報にアクセスできる範囲
を制限し、適切な認証やアクセス制限を実施します。

３．定期的な監視と監査をする

　不正な利用やポリシー違反がないかを定期的に監査します。ログや活
動履歴の保存を行い、必要に応じて調査対応を実施します。

４．社員への協力と意識向上

　社員に対して適切なトレーニングと教育を提供し、生成 AI の利用に関す
るポリシーとガイドラインを明確に伝えます。悪意のある利用や個人情報
の扱いについてのリスクを認識させ、適切な行動を促すことが重要です。

５．使用ガイドラインの遵守と制裁

　ガイドラインに違反した場合の具体的な制裁措置を明確にし、ガイド
ラインの遵守を徹底します。社員に違反の重要性とその結果について認
識させることが重要です。

６．定期的な見直しと改善

　ガイドラインは、状況変化と必要に応じて改善されるべきです。作
りっぱなしではなく技術やセキュリティの進歩に合わせてアップデート
し、新たなリスクに対応するための対策を、その都度追加します。

　これらのポイントを考慮しながら、社員が生成 AI を適切に利用する
ためのガイドラインを作成し、遵守することで、悪意の利用やセキュリ

ティ上のリスクを最小限に抑えることができます。

── 生成 AI は広報部門で役立つか

1．FAQ として活用する
　生成 AI を使用して、よくある質問、FAQ に対する自動応答を作成することができます。広報部門は、顧客や利害関係者からの質問に効率的かつ迅速に回答するために活用することができます。

2．メディア対応のサポート
　メディアからの問い合わせ、報道関係者との対話においても役立ちます。メディア対応のトレーニングデータを用意し、一般的な質問や情報提供するために生成 AI を利用することで、広報部門の効率を向上させることができます。

3．ソーシャルメディア対応
　ソーシャルメディアのコメントやメッセージへの返信を自動化することもできます。大量のメッセージに対応するために、生成 AI を活用することで、リアルタイムな顧客サポートを強化することができます。

4．ブランドの声を形成する
　ブランドのキャラクターや声を形成することもできます。生成 AI を特定のトーンやスタイルでトレーニングし、ブランドのイメージに合った応答を生成することで、一貫性のあるコミュニケーションを実現することができます。ただし、データ元がわからないので、著作権などの確認は必ずしてください。

5．イベントやキャンペーンのサポート

　イベントやキャンペーンに関する情報や参加者へのサポートを提供することも可能です。生成 AI を使って、参加者からの質問に回答したり、特定のプロモーションに関する情報を提供したりすることで、広報活動を補完することができます。

　以上の方法を活用することで、生成 AI は広報部門の効率性向上や顧客対応の向上に役立つツールとなります。ただし、つねに正確な情報の提供や人間の判断の重要性を認識し、必要に応じて人間の関与を組み合わせることが重要です。

── 生成 AI は法務部門で役立つか

1．法的質問への応答

　生成 AI を使用して、法的な質問や法律上の問題に対する応答を生成することができます。これにより法務部門は、顧客や社内のステークホルダーからの法的な問い合わせに効率的かつ迅速に対応することができます。

2．法的文書の作成支援

　法的文書の作成やドラフト作成作業のサポートにも役立ちます。たとえば、契約書の草案や法的文書のテンプレート、法的記述の整理などに関して、生成 AI を活用することで時間と労力を節約できます。

3．法的研究と情報収集

　生成 AI は、大量のデータに基づいて学習しているため、法的な研究

や情報収集にも役立ちます。生成 AI を使って特定の法的問題や判例で規制などに関する情報を検索し、結果を提供することで法務部門の情報収集の効率を向上させることができます。

4．FAQ や内部ガイドの作成
　法務部門のリーガル FAQ や内部ガイドを作成することができます。生成 AI をトレーニングして、一般的な法的質問や社内のルールやポリシーに関する情報を提供することで、従業員や関係者が必要な情報に容易にアクセスできるようになります。

　※ただし、法務部門で生成 AI を使用するには、以下の点に留意する
　　必要があります。

　①生成 AI の生成した情報はあくまで参考情報であり、法的アドバイスとして解釈されるべきではありません。必要な場合は専門家の助言を求めることが重要です。
　②データセキュリティとプライバシーに配慮し、機密情報や個人情報の漏洩を防ぐための適切な措置を講じる必要があります。
　③生成 AI の制約や限界を認識し、正確性やコンテキストの理解に関し適切な判断を行うことが重要です。

　これらのポイントに考慮しながら、法務部門で生成 AI を活用することで、業務の効率化や情報収集能力の向上を図ることができます。しかし、人間の専門知識と判断力の重要性を忘れず慎重に利用しましょう。

（このコラムは実験的に、一部、生成 AI を活用しています）

おわりに

SNS は発信することではなく、無事に伝えることが目的

　日本がインバウンドに力を入れ始めた十数年前から、日本の各自治体は大都市から田舎の町村まで、我が地の魅力を発信しようと SNS を使っての PR が急拡大しました。私も 2011 年に、ある政令市の魅力を伝える手段として、初めて役所で SNS を導入しました。

　当初は「炎上したらどうするのだ」「ハッキングは大丈夫か？」など、何かにつけて反対されましたが、一度やってみて、トラブルもなく、評判が良いと分かると、その後は瞬く間に役所内の全部局に、SNS を活用した情報発信が広がっていきました。

　この時、私は稟議を通すためにあらゆるリスクを洗い出して、すでに SNS を導入していた民間企業のポリシーやガイドラインを勉強し、見よう見まねで作成して、その上で SNS での情報発信をスタートしました。

　ところが、その後に続いたところは「とにかくやれ」と言われてガイドラインなども作成せずにスタートすることも多く、発信した内容が上から目線の発言だったり、文章が硬くて面白くないなどのトラブルもありました。

　それは民間企業でも同じです。経営者が SNS で人種差別発言を繰り返したことで辞任を余儀なくされたり、社員がプライベートだと思って発信したら会社のドメインへの誤爆だったりと、トラブルは今も続いています。

　そんな中、私は自分の経験から得た知識を整理して自らパワーポイントで資料を作って、SNS での情報発信の講習を行うことにしました。巷では SNS で発信をする時の技術やマーケティングのノウハウの本はあるのですが、SNS を取り扱う時の注意やトラブルに対しての対応や課題解決などのオンライン講習はあるものの、書籍のテキストはありませんでした。

日々ニュースでバイトテロだの名誉毀損の Twitter コメントだのが伝わっ
てくるのですが、そもそも「SNS でこんなことはしてはいけない」と示す
書籍などがありません。一度取り扱いを間違えたら、企業の存続すら危なく
なるほどのリスクがある SNS での情報発信なので、もっと取り扱いを知る
べきです。オンライン講習は見つけにくく、受講料はそれなりに高い。書籍
なら手元に置いていつでも見ることができる上に、値段も講習より安い。こ
れが本書を作る動機となりました。

　そんな時に、著作権など権利関係に強い弁護士法人レクシードの弁護士の
みなさんにサポートをお願いしましたら、快く引き受けてくださったことか
ら、出版のプロジェクトはスタートしました。
　また同じ頃、読売テレビで、テレビ業界でどこよりも厳しいコンプライア
ンス管理をしてきた旧友の山本一宗さんが退職して独立されると聞き、お声
をかけさせていただきました。執筆の強力なサポーターが揃いました。
　その上で、経済誌の記者として活動していた時の仲間だった間杉俊彦さん
が、やはり退職して書籍編集も手がけているということで、この複数執筆と
いうややこしい内容を整理して取りまとめる業務をお願いしました。
　こうして、この本は段階的にできあがっていきました。この本は、SNS
で情報発信する時に失敗しないでスムーズに進められるよう、また最強の情
報発信ができるようにという願いをこめて作りました。この本の目的は、情
報発信時の注意点ではなく、武器としての SNS のルール（お作法）を徹底
して身につけていただくことです。その上で、単に情報を発信するためでは
なく、発信した情報が「**無事に相手に届けられ、無事に伝わる**」ためのサ
ポートだと受け止めていただければと思います。

　私たちが本書の執筆を進めている間にも、ニュースでさまざまな SNS ト
ラブルが伝わってきました。また、Meta の Threads や ChatGPT が登場し、

この取り扱いをどうするかも悩みました。また Twitter が X という名称になったりと、業界の動きは日々変化しています。

　今は SNS が人気ですが、いずれ将来的には情報発信ツールも新しいプラットフォームや手法が次々と誕生して変わっていくかもしれません。それらの情報を絶えず集めてアップデートしながら、今後もみなさんの情報発信のリスクヘッジをサポートできればと思います。

　最後に、辛抱強く原稿を待っていてくださり、適切なアドバイスをいただいた東洋経済新報社出版局の岡田光司さん、出版までの経緯を見守ってくださった同社代表取締役社長の田北浩章さんに深く感謝いたします。

2023 年 12 月吉日

北田明子

参考文献

・TMI 総合法律事務所編（2020）『IT・インターネットの法律相談【改訂版】』青林書院

・井上拓（2022）『SNS 別 最新著作権入門——「これって違法⁉」の心配が消える IT リテラシーを高める基礎知識』誠文堂新光社

・河瀬季（2022）『Q&A 実務家のための YouTube 法務の手引き』日本加除出版

・定平誠（2020）『例題 80 でしっかり学ぶメディアリテラシー標準テキスト——メディアとインターネットを理解するための基礎知識』技術評論社

・島並良・上野達弘・横山久芳（2021）『著作権法入門　第 3 版』有斐閣

・東京弁護士会インターネット法律研究部編（2014）『Q&A　インターネットの法的論点と実務対応　第 2 版』ぎょうせい

・中山信弘（2020）『著作権法　第 3 版』有斐閣

索　引

監修者紹介

弁護士法人レクシード

弁護士法人レクシードは、専門家の都心偏在の問題を踏まえ、地方都市にも、専門的でより良いリーガルサービスを提供するという理念を共有する弁護士が集まって発足した。主に、コンプライアンスやM&Aをはじめ会社法務、労働法分野、知的財産法分野を得意とするが、技術系・医療系及び国際出願も得意とする弁理士法人レクシード・テックとともに、レクシードグループを結成し、専門的な特許出願にも対応している。

花房裕志（兵庫県弁護士会所属）

2009年、京都大学法科大学院修了。2010年、弁護士登録（大阪弁護士会）、弁護士法人淀屋橋・山上合同入所。企業法務案件に多く携わり、2015年、はりま中央法律事務所を開所（兵庫県弁護士会）。2021年、弁護士法人レクシードを設立し、代表社員に就任。現在、合計100社以上の顧問及び社外役員として、会社法務、M&A・事業承継、労働事件など企業法務を中心に取り扱う。炎上トラブルや紛争予防を目的とした予防法務的助言も積極的に行っている。著書に『中小企業のための予防法務ハンドブック』（共著、中央経済社）ほか。

小幡久樹（兵庫県弁護士会所属）

京都大学法学部卒業。大阪大学法科大学院高等司法研究科修了。2015年12月弁護士登録（第一東京弁護士会）。都内の法律事務所で主に中小企業法務を取り扱った後、2020年10月に弁護士法人レクシードに入所。

新　智博（兵庫県弁護士会所属）

大阪大学法学部卒業。京都大学法科大学院修了後、2017年弁護士登録（大阪弁護士会）。弁護士法人中央総合法律事務所を経て、2022年に弁護士法人レクシードに入所。著書に『金融機関の法務対策6000講』（共著、金融財政事情研究会）がある。

柳田　駿（福岡県弁護士会所属）

中央大学法学部卒業。國學院大學法科大学院修了後、2019年12月弁護士登録（福岡県弁護士会）。福岡県内の総合型法律事務所で、中小企業法務、不動産法務を中心に取り扱った後、2022年7月の弁護士法人レクシード博多オフィス開設に伴い所長就任。

執筆協力者紹介

山本一宗

株式会社CompLabo代表取締役、元読売テレビコンプライアンス総括責任者

関西学院大学社会学部卒業後、1988年読売テレビ入社。報道記者、「ザ・ワイド」「ウェークアップ！ぷらす」「情報ライブ ミヤネ屋」プロデューサー、報道統括デスクなどを歴任後、2019年にコンプライアンス推進室に移り放送法・放送基準・関係法令に基づくCM・番組考査、SNS運用管理を担当。2021年よりコンプライアンス総括責任者（総括役）として法令順守、危機管理の側面から局全体の考査判断を指揮。2023年春に読売テレビを退社し独立、現職。著書に『子どもコンプライアンス』（ワニブックス）がある。

【著者紹介】
北田明子（きただ　あきこ）
広報・PR、危機管理広報アドバイザー
大学卒業後、1983年大阪読売新聞社入社。1989年同社退職後イギリスに留学。帰国後フリーランスの経済誌記者などを経て、2001年対中国投資コンサル会社の副総経理として中国に駐在。2005年に帰国後、危機管理広報を中心とした広報アドバイザーとして活動。2011年民間から大阪市交通局の広報課長に就任。2019年堺市の広報戦略専門官に就任。2022年に堺市を退職後は文筆活動のかたわら、民間や自治体の広報アドバイザーとして活動中。2018年より滋賀県公文書管理・個人情報保護・情報公開審議会委員。金融問題、企業広報などに関する記事を多数執筆。主な著書に『沸騰する中国』（共著・ダイヤモンド社）、『笑うヤミ金融』（ダイヤモンド社）、『金融の修羅場』（共著・鹿砦社）、『企業法務と広報』（共著・民事法研究会）、『企業の法務リスク』（共著・民事法研究会）がある。
メールアドレス：nekonome77@yahoo.co.jp

デジタル時代の　情報発信のリスクと対策

2023年12月19日発行

著　　　　者——北田明子
監　修　　者——弁護士法人レクシード
執筆協力者——山本一宗
発　行　　者——田北浩章
発　行　　所——東洋経済新報社
　　　　　　　〒103-8345　東京都中央区日本橋本石町1-2-1
　　　　　　　電話＝東洋経済コールセンター　03(6386)1040
　　　　　　　https://toyokeizai.net/
装　丁………石間　淳
イラスト………designroom koo
ＤＴＰ………アイシーエム
印　刷………図書印刷
編集協力………間杉俊彦／パプリカ商店
編集担当………岡田光司